L'INTIMITÉ SUREXPOSÉE

Du même auteur

Aux Éditions Aubier

Tintin chez le psychanalyste, 1985
La Bande dessinée au pied du mot, 1990
Tintin et les secrets de famille, 1992 (1re éd., Séguier, 1990)
Y a-t-il un pilote dans l'image ?, 1998
Comment l'esprit vient aux objets, 1999
Petites mythologies d'aujourd'hui, 2000

Aux Éditions Dunod

La Honte, psychanalyse d'un lien social, 1992
Psychanalyse de l'image, des premiers traits au virtuel, 1995
Le Psychisme à l'épreuve des générations, 1996
(ouvrage dirigé par Serge Tisseron)

Chez d'autres éditeurs

Psychanalyse de la bande dessinée, Paris, PUF, 1987
(rééd. « Champs Flammarion », 2000)
Hergé, Paris, Seghers, 1987
L'Érotisme du toucher des étoffes, Paris, Séguier, 1978
(en collaboration avec Yolande Papetti)
Clérambault, psychiatre et photographe,
Paris, Les Empêcheurs de tourner en rond, 1990
(en collaboration avec Mounira Khemir)
Le secret d'Hergé, Paris, Presses de la Cité, 1993
Le Bonheur dans l'image,
Paris, Les Empêcheurs de tourner en rond, 1996
Le Mystère de la chambre claire, photographie et inconscient,
Paris, Les Belles Lettres, 1996
(rééd. « Champs Flammarion », 1999)
Du bon usage de la honte, Paris, Ramsay, 1998
Nos secrets de famille. Histoires et mode d'emploi,
Paris, Ramsay, 1999
Enfants sous influence, les écrans rendent-ils les jeunes violents ?
Paris, Armand Colin, 2000

Bandes dessinées

Histoire de la psychiatrie en bande dessinée, Paris, Savelli, 1978
Les Oreilles sales, Paris, les Empêcheurs de tourner en rond, 1994
Bulles de divan, Paris, Calmann-Lévy/Ramsay, 2001

Livres de photographies

Nuage/Soleil (avec des photographies de Bernard Plossu),
Paris, Marval, 1994
D'air en air (avec des photographies de Catherine Noury),
Paris, Filigranes Éditions, 1995
Toi et Moi (avec des photographies de Claude Nori),
Paris, En Vues, 1999

Serge Tisseron

L'INTIMITÉ SUREXPOSÉE

Éditions Ramsay

À Marie-Noëlle

REMERCIEMENTS

Je remercie Marie-Noëlle Clément,
Claude Nachin et Philippe Grimbert
pour leur relecture de ce manuscrit et leurs conseils.

Introduction

Pendant deux mois, l'émission de télévision intitulée *Loft Story* a divisé les Français. À l'initiative de M6, des caméras cachées filmaient en permanence onze jeunes gens enfermés dans un Loft, et cette chaîne proposait chaque soir un montage d'une trentaine de minutes de cet enregistrement. L'émission était conçue sans la moindre préoccupation culturelle, comme un « jeu », mais avec des stratégies marketing agressives et l'intention affichée de conquérir des parts de marché. C'est pourquoi on a pu dire de l'événement qu'il marquait l'entrée définitive, et sans plus aucun alibi, de la télévision privée dans la logique commerciale. Bref, *Loft Story* peut être considérée comme un épisode funeste de l'histoire de la télévision française ! En revanche, si on s'intéresse non plus au principe de l'émission, mais à ceux qui la regardaient, et qui furent jusqu'à dix millions certains soirs, on s'aperçoit que beaucoup d'entre eux eurent l'heureuse surprise de trouver enfin sur leur écran des héros qui leur ressemblent, partageant leurs questions et leurs intérêts. Il était en effet difficile de ne pas être frappé par l'impression d'authenticité qui se dégageait des échanges entre les candidats, bien loin de la monotonie à laquelle nous ont habitués les séries américaines ou leurs homologues européennes. Des garçons et des filles jouaient, s'ennuyaient, se confiaient, conspiraient ou se séduisaient... avec des accents de vérité inhabituels à la télévision. Mais on imagine aussi aisément combien les réalisateurs de l'émission ont dû malmener la réalité, et les candidats eux-mêmes, pour obtenir un tel résultat ! La diffusion en continu de la vie du Loft sur Internet et sur la chaîne câblée TPS montrait les rappels à l'ordre et les injonctions permanentes qui leur étaient imposés, tandis que le léger décalage entre la prise de vues et la retransmission permettait censures et manipulations. En fait, il est apparu très vite que l'opposition entre ceux qui haïssaient l'émission et ceux qui prenaient du plaisir à la regarder était irréductible. Pour les premiers, il était évident qu'elle attentait à des valeurs essentielles de notre culture, comme le droit à l'intimité ou le sens de l'effort et du travail. En revanche, elle semblait pour les seconds constituer un exact reflet de leurs préoccupations. Est-ce à dire qu'une partie des Français vivraient déjà en dehors des repères fondateurs de notre culture ? Non, bien sûr, mais cela prouve que ces repères, tout en restant essentiels, ne passent plus exactement par les mêmes points. C'est parce que *Loft Story* a été le miroir de ces déplacements que cette émission a provoqué des réactions passionnelles aussi contrastées, et ce sont eux qu'il nous faut essayer de comprendre.

Mais, avant de tenter de les analyser, concédons aux détracteurs de *Loft Story* que ce type d'émission peut en effet susciter des inquiétudes. Si la direction de M6 a évité une dérive pornographique ou sadique, c'est très probablement parce qu'elle a bénéficié d'un comité de vigilance exceptionnel, constitué par la partie de l'opinion qui lui était violemment défavorable, et aussi parce que les aménagements qui se révélaient indispensables pour que l'émission ne soit pas interdite se sont également révélés payants en termes d'audience [1]. Mais la voie est à présent

1. Le changement constant des règles du jeu – les téléspectateurs invités à « choisir » et non plus à « éliminer » les participants, la possibilité pour ceux-ci d'envoyer des e-mails et de bénéficier d'un temps quotidien hors caméra, ou encore la réduction à quarante-cinq jours de la période

ouverte pour d'autres « télévisions-réalité », dont on peut craindre qu'elles n'évoluent rapidement vers une surenchère de sexualité et de violence. En outre, la retransmission en continu sur TPS et Internet a révélé que, au moins dans la première moitié de l'émission, les consignes – comme celle de s'éliminer mutuellement – ont malmené les participants et les ont même parfois poussés à se haïr. Quant aux téléspectateurs qui ont regardé uniquement les extraits de M6 – et il s'agit du plus grand nombre –, ils ont été manipulés à leur tour par la sélection et le montage des séquences présentées. Enfin, cette émission a entretenu l'illusion que voir, c'est forcément comprendre.

Mais si *Loft Story* a été un malheur pour la télévision – qui en a d'ailleurs connu bien d'autres –, elle a aussi dévoilé une formidable attente d'émissions qui parlent aux téléspectateurs des problèmes qui sont les leurs avec leurs mots à eux. L'effet *Loft Story*, c'est aussi cela : une découverte brutale du fossé qui s'est creusé entre le pays réel et celui qui est représenté sur les écrans. Son succès montre l'urgence qu'il y a à ce que la télévision publique donne une place

---

de vie commune des gagnants – témoigne de cette pression, ainsi que de la capacité de M6 à prendre en compte au fur et à mesure l'évolution de la situation.

plus grande à des membres de catégories sociales jusque-là peu représentées – comme les « Beurs » –, et surtout se fasse l'écho de nouvelles manières collectives de vivre, de sentir et de penser, dans le respect de la dignité de tous. On aurait certes préféré que les phénomènes de société mis au jour par *Loft Story* le soient par une émission moins racoleuse et commerciale, mais puisque c'est celle-ci qui a contribué à les révéler, on ne peut l'ignorer. D'ailleurs, quand Benjamin Castaldi répétait, soir après soir : « N'oubliez pas de parler entre amis et en famille de ce que vous pensez de l'émission, les enfants surtout », il n'énonçait pas seulement un constat (jamais une émission n'a eu un tel succès, de sept à soixante-dix-sept ans), il nous permettait aussi de mesurer le chemin parcouru dans les relations familiales depuis le fameux *Bonne nuit les petits* des années 1960. Les enfants, aujourd'hui, au moment où les plus grands parlent de sexe et de réussite sociale, ne sont plus invités à dormir, mais à poser des questions.

À notre tour de nous interroger. Qu'ont vu au juste ceux qui ont regardé chaque soir cette émission pendant deux mois ? Pourquoi les a-t-elle intéressés à ce point ? Et surtout, quels changements culturels a-t-elle montrés et indirectement légitimés ? Les miroirs sans tain de *Loft Story* ne reflètent en effet pas seulement les « lofteurs » qui s'y contemplent, mais aussi certains nouveaux visages de notre société qu'il est capital de prendre en compte et d'analyser [2]. Sinon le fossé risque de se creuser encore un peu plus entre ceux qui prennent la vie comme elle vient et ceux qui font profession d'expliquer comment il faut la prendre !

La manière dont cette émission a opposé la revendication d'une certaine fierté, d'un côté, et un appel à la honte, de l'autre, l'a bien montré. Au moment où Kenza est sortie du Loft, sa mère a dit : « Je suis fière de ma fille [3]. » Fierté, c'est aussi le mot qui revenait dans la bouche de tous les participants. Loana, interrogée par Benjamin Castaldi sur ce qu'elle imaginait faire après sa sortie du Loft, a répondu : « Je vais retrouver ma mère, j'espère qu'elle est fière de moi, c'est

2. Pour répondre à ces questions, nous n'aborderons ni l'histoire de la « télévision-réalité » ni les stratégies marketing carnassières mises en place autour d'elle. Non que ces questions soient sans intérêt, mais d'autres les ont déjà traitées – et les traiteront – mieux que je ne saurais le faire. Par ailleurs, nous nous appuierons essentiellement sur le programme quotidien diffusé sur M6 entre le 30 avril et le 10 juillet 2001 dans la mesure où un grand nombre de téléspectateurs – et notamment les enfants – n'ont rêvé, frémi et fantasmé qu'à partir de ces seuls extraits.

3. Émission du jeudi 17 mai 2001.

tout[4]. » Et Steevy, en réponse à une question d'un téléspectateur sur sa rencontre avec son père qu'il n'avait pas vu depuis quelque temps, a déclaré : « Pour la première fois, mon père a dit qu'il était fier de moi, et c'est tout ce que je voulais entendre[5]. » Mais, parallèlement, un autre point de vue a immédiatement taxé cette émission d'être le symbole de la « télé-poubelle », l'accusant de favoriser un voyeurisme glauque, un « nivellement par le bas » et un abrutissement généralisé. Certains articles hostiles sont même allés jusqu'à manier une ironie douteuse vis-à-vis des participants. Cette convocation de la honte n'a évidemment pas réduit la fréquentation de l'émission, mais elle a contribué à rendre honteux le plaisir de la regarder, poussant du même coup ceux qui le faisaient à ne plus oser en parler ! Le problème est que la honte tue la pensée, alors qu'un tel programme télévisuel rend plus que jamais nécessaire un effort de réflexion sur les raisons de son extraordinaire succès.

Loft Story a en effet rendu visibles plusieurs bouleversements psychologiques et sociaux majeurs : déplacement des limites de l'intimité et

4. Émission du jeudi 28 juin 2001.
5. Émission du jeudi 28 juin 2001.

des repères de l'identité, avènement de héros radicalement différents de ceux des générations précédentes, relations transformées entre les sexes et, surtout, existence de nouveaux rapports familiaux.

Un conte de la fée Télévision

Loft Story est loin d'être un conte de fées. Pourtant, on se priverait d'un élément de compréhension important en ne voyant pas comment cette émission a joué sur certains ressorts traditionnels du conte... peut-être à l'insu de ses concepteurs eux-mêmes.

Bouleverser son destin

Remarquons d'abord qu'il existe chez tout être humain, enfant ou adulte, le rêve que le monde entier s'intéresse à lui et que le soleil s'arrête dans sa course pour l'admirer. Le conte de fées traditionnel s'enracine en grande partie dans cet état d'esprit et, de ce point de vue, la mise en scène du Loft a été parfaite. À sa sortie, chacun des participants s'est vu remettre une proposition professionnelle conforme aux souhaits qu'il avait pu émettre au départ ou confier durant le jeu. Bien entendu, cette gloire risque d'être de courte durée. Si M6 a fait tout ce qui était en son pouvoir pour que les candidats restent « célèbres » jusqu'à l'automne, ils devront ensuite se débrouiller seuls. Or les reportages menés dans des pays étrangers sur les anciens participants à ce genre de programme montrent qu'ils échouent le plus souvent. Il n'empêche que, pour la plupart, leur participation leur aura permis d'« avoir leur chance » dans un domaine où ils désiraient réussir – comme le cinéma ou la télévision –, alors que leur origine sociale les condamnait presque fatalement à ne jamais pouvoir côtoyer ces milieux. « Avoir sa chance » ne veut bien sûr pas dire qu'on soit capable de la saisir, et les « anciens lofteurs » découvriront vite que le monde sans pitié du « show-biz » n'a rien à voir avec la colonie de vacances que leur avait aménagée M6 ! Mais « avoir sa chance » et pouvoir bouleverser son destin, quand on est issu d'un milieu aussi modeste que plusieurs des participants, c'est déjà considérable ! Après tout, les contes ne nous racontent jamais ce qui se passe après le mot « fin », lorsque la « vraie vie » commence. De ce point de vue, plusieurs concurrents se sont probablement engagés dans les sélections préparatoires pour échapper à leur condition, un peu comme jadis leurs aînés auraient tenté de devenir coureurs cyclistes ou boxeurs. En outre, le monde du cyclisme – pour ne pas parler de celui de la boxe ! – n'est pas moins pourri par l'argent que celui de M6, et le prix à payer pour les jeunes qui s'y engagent est même bien plus lourd en termes de pression psychique et de dégradation physique à coups d'anabolisants. Seulement voilà, ces vies gâchées ont longtemps fait consensus au prix d'un quiproquo. Les spectateurs des courses cyclistes assistent aux combats bien réels de leurs héros tandis que l'élite de la nation se réjouit de voir dans ces rituels des formes symboliques d'affrontement guerrier. Tout est mis en scène pour exalter les valeurs du travail et de l'effort, de la nation – dans les courses opposant des équipes nationales – et de la « famille » au sens large, avec la constitution d'un groupe soudé autour de son chef. Bref, dans le cyclisme, l'exaltation du spectacle a longtemps permis d'oublier les enjeux – et certains continuent de rêver à le faire. Au contraire, *Loft Story* détruit cette ambiguïté en établissant un dispositif qui non seulement n'est plus le reflet des valeurs reconnues, mais paraît même les contredire. Il s'est révélé du même coup beaucoup plus apte à montrer les enjeux réels de la vie quotidienne : affrontements de caractères et de logiques héritées des origines sociales et du parcours de chacun, nouveaux rapports à l'image et à la vie familiale, risques de la franchise et vertus de l'hypocrisie. Il ne faut donc pas s'étonner que la campagne menée contre cette émission ait été d'une violence extrême de la part de ceux qui se déclarent soucieux de préserver les valeurs républicaines… mais pas non plus qu'une majorité de spectateurs se soit passionnée pour les contenus qu'elle révélait.

Des conventions du conte à celles du Loft

Dans les contes, les problèmes sont représentés non pas tels qu'ils se posent dans la vie quotidienne, comme pourrait en rendre compte par exemple un reportage, mais de façon décalée. L'enfant reconnaît ainsi ses questionnements et l'état d'esprit qui y préside, mais pas sa situation réelle. Cette distance le rassure en lui offrant un espace pour penser ses émotions, ses frustrations, ses inquiétudes et ses conflits non résolus. *Loft Story* a opéré de la même manière. Comme dans les contes de fées, il était convenu dès le début qu'on ne nous montrerait pas de lieux réels et que l'expérience humaine et relationnelle qui allait se dérouler sous nos yeux n'emprunterait à la vraie vie que son apparence. « Il était une fois *Loft Story*… »

Dans le Loft, tout était en effet factice : la maison, les conditions de vie et les épreuves infantiles imposées aux participants. Mais rien ne l'était autant que la convention qui a permis, pendant deux mois, de faire de ces jeunes âgés de vingt à trente ans des archétypes de l'adolescence ! Alors que de vrais adolescents de douze à quinze ans auraient certainement très mal supporté les conditions de réclusion du Loft, ceux-là étaient en âge d'avoir acquis suffisamment de maturité pour y faire face. En même temps, ces conditions mêmes – notamment l'oisiveté et la surveillance des caméras qui les dissuadait d'avoir des relations sexuelles – les mettaient en situation de retrouver les angoisses, les inhibitions et les rêveries propres à l'adolescence.

Les candidats étaient d'ailleurs les premiers à reconnaître la convention fabriquée par le dispositif. Les garçons qui se sont découverts amoureux pendant l'épreuve l'ont dit clairement [1] : rien de ce qui se vit dans le Loft ne peut se comparer à ce qui se vit dehors, les circonstances en sont trop exceptionnelles, tout y est trop artificiel, etc. Il est bien possible que, en décrivant les choses ainsi, ils aient cherché à se rassurer eux-mêmes par rapport à des engagements affectifs qui risquaient d'être contrariés par les départs successifs. Mais, pour les spectateurs, pendant un

1. Aziz d'abord et Christophe ensuite, celui-ci approuvé plus tard par Kimy (émission du 5 juin 2001 sur M6).

mois et demi, la convention a joué à plein [2]. La fenêtre du Loft s'est ouverte et refermée chaque jour comme un livre d'images dont le lecteur était convié à tourner régulièrement les mêmes pages dans tous les sens et à sauter parfois certaines. L'émission du jeudi soir partageait ainsi, avec celles du samedi et du dimanche, l'art d'une conjugaison toujours différente des mêmes petites unités : par exemple, on voyait d'abord des séquences dans lesquelles était mise en exergue la relation privilégiée de Kimy et de Jean-Édouard, puis on revoyait les mêmes images sous prétexte de visionner les extraits qui concernaient Kimy seule, avant de les voir encore dans le dessein, nous disait-on cette fois, de retracer l'évolution de Jean-Édouard dans le Loft, et ainsi de suite.

Un monde de « pairs »

Le principe du conte est d'éliminer de nombreux aspects de la réalité pour se concentrer sur un unique problème. L'enfant est invité à s'imaginer dans les situations d'angoisse et de conflit qui y correspondent pour mieux s'y préparer dans

2. Encore une fois, nous ne parlons ici que de l'*apparence* constituée par la programmation quotidienne de M6, et non de ce que l'on pouvait voir sur TPS ou Internet.

la vie réelle [3]. Bien que les conditions d'existence aient évolué au fil des siècles, les contes de fées ont longtemps gardé un fort pouvoir d'attraction par leur capacité à raconter, en termes voilés, le passage de l'enfance à l'âge adulte. Remarquons pourtant que les éléments de ces récits qui peuvent évoquer la rencontre sexuelle sont de moins en moins « voilés » dans la mesure où la publicité, grande consommatrice de contes traditionnels, a largement contribué à en rendre évidente la signification cachée. Il y a déjà quelques années que les enfants ont compris que le Petit Chaperon rouge rencontre non pas un loup au coin du bois, mais un adulte séducteur. L'attrait des contes, comme récits qui permettaient à l'enfant à la fois de comprendre et de ne pas comprendre, s'en trouve réduit. Ils sont même devenus une source inépuisable de parodies plus ou moins salaces...

Mais, surtout, les familles ont bien changé depuis l'époque où les contes de fées ont été écrits. Ceux-ci décrivent en général des situations dans lesquelles les pères, souvent en position de roi, sont idéalisés au détriment des mères, qui sont d'ailleurs plutôt des belles-mères. Cette particularité renvoyait à une société patriarcale dans

---

3. Voir Bruno Bettelheim, *Psychanalyse des contes de fées,* Paris, Robert Laffont, 1976.

laquelle les mères, souvent mortes jeunes des suites d'un accouchement, étaient remplacées par des jeunes femmes qui voyaient d'un mauvais œil les enfants du premier lit suspectés d'être une menace pour leur propre progéniture. Dans les contes, les héros sont donc régulièrement soumis aux maléfices de leur marâtre, et rejetés de la vie familiale qu'ils ne parviennent à retrouver qu'après un long détour. Or, de nos jours, les jeunes côtoient plutôt des pères dont l'idéalisation est difficile parce que leur prestige social s'est réduit, et des mères aimantes qui veulent les garder près d'elles le plus longtemps possible. Ainsi, leur problème principal est moins de retrouver leur famille que d'apprendre à s'en séparer. Bien entendu, certaines images des contes, comme celles de mères infanticides ou empêchées d'être mères par leur propre mère, ne cessent pas pour autant de faire écho pour l'inconscient, mais cet écho est d'autant plus facilement assourdi que les situations décrites sont plus éloignées de la vie réelle. En outre, un problème nouveau est apparu, dont les contes traditionnels ne traitaient pratiquement pas, c'est le sentiment qu'ont beaucoup de jeunes, aujourd'hui, de devoir affronter seuls une multitude de problèmes relationnels avec leurs camarades. Or le contenu narratif privilégié par *Loft Story* semblait fait pour répondre précisément à ces questions, tant pour l'enfant et l'adolescent qui y sont confrontés, que pour les adultes qui regardent grandir leur progéniture. Il s'agissait en effet essentiellement pour chaque participant de se débrouiller avec les attitudes énigmatiques, séductrices ou ingrates de ses co-lofteurs. Le Loft ne reflétait pas les problèmes de la société – comme le chômage, par exemple – parce qu'il n'avait pas cet objectif. Un peu comme un conte, il ne traitait de la réalité que sous un seul angle, la rencontre avec d'autres jeunes et la gestion des phénomènes de groupe qui en résultent. Son espace narratif était ainsi délibérément celui du passage de l'enfance à l'âge adulte sans autre repère que les « pairs [4] ». Si *Loft Story* avait concerné des couples déjà constitués, il est probable que beaucoup moins d'enfants jeunes en seraient devenus des spectateurs passionnés. Le voyeurisme organisé par ce jeu n'explique pas à lui seul son

4. Les différences sociales étaient néanmoins présentes sous la forme de l'origine familiale des candidats, notamment entre Laure, issue de la grande bourgeoisie de l'Ouest parisien, et Loana, qui a expliqué avoir été obligée d'abandonner ses études en classe de seconde pour gagner sa vie comme danseuse dans une boîte de nuit et qui réalisait des conditionnements à domicile le dimanche avec sa mère.

succès, et le choix du type d'aventure qu'il a privilégié y a joué un rôle essentiel.

De nouveaux enjeux familiaux

Les enfants qui grandissent aujourd'hui en France sont confrontés à des situations très différentes de celles de leurs aînés. Elles sont notamment liées à leur maturation sexuelle de plus en plus précoce et au fait que, avec l'effacement de certains interdits – comme les relations sexuelles avant le mariage –, ce soient aussi les étapes initiatiques qui jalonnaient traditionnellement le passage de l'enfance à l'âge adulte qui aient disparu. En outre, l'enfant, qui, hier, passait peu à peu du cercle de l'influence maternelle à celui de l'influence paternelle, reste aujourd'hui volontiers dans le premier.

Par certains aspects, le phénomène n'est pas nouveau. Déjà, l'Allemagne des années 1945 à 1950 a pu être qualifiée de « société sans père », beaucoup des pères et maris étant morts à la guerre [5]. L'hécatombe du premier conflit mondial avait donné lieu à la même situation en 1918, même si ces pères étaient toujours présents par leur souvenir et leur image. Mais, quand un par-

5. Voir à ce sujet Alexander Mitscherlich, *La Société sans père*, Paris, Gallimard, 1969.

ticipant à *Loft Story* dit n'avoir jamais vu son père qui habitait pourtant à proximité ou qu'une autre déclare que seule sa mère compte pour elle, on se trouve devant une situation bien différente. Le père cesse d'incarner une référence et un modèle. On ne renonce pas pour autant à être reconnu par lui, mais cette situation nouvelle empêche de savoir précisément comment s'y prendre. La manière dont certains parents privilégient avec leurs enfants des relations de camaraderie, plutôt que d'autorité, est également allée dans le même sens. Enfin, le fait que les enfants de plus en plus jeunes soient constitués en cible commerciale a contribué à renforcer chez eux le sentiment d'appartenir autant à une « classe d'âge » – avec ses marques, ses émissions télé et ses jeux hermétiques aux adultes comme les Pokémons ou Lara Croft – qu'à leur propre famille.

Dans un tel monde, les « pairs » que sont les frères, les sœurs et les camarades sont appelés à jouer un rôle essentiel, surtout s'ils sont plus âgés. Les modèles des parents paraissent en effet d'autant moins plausibles que beaucoup parmi eux s'affirment « dépassés », ou se soustraient même à leurs responsabilités. Chaque tranche d'âge est alors tentée d'aller chercher ses références dans la tranche immédiatement supérieure, là où les conditions de vie paraissent les plus proches de celles qu'elle s'apprête à affronter. Les « pairs », en outre, incluent aussi les héros du poste de télévision et des jeux sur consoles, présents de plus en plus tôt et qui prennent un rôle grandissant dans la construction des repères de l'identité. D'ailleurs, l'intervention du « propriétaire » du Loft comme un dieu imprévisible et omniscient a pu paraître bien moins « totalitaire » et bien plus ludique à ces jeunes qu'à leurs aînés, dans la mesure où ils ont grandi dans une culture du jeu vidéo où le joueur est souvent invité à s'identifier lui-même à un dieu tout-puissant dirigeant ses créatures [6]. En outre, elle a pu être d'autant mieux acceptée par les participants que Benjamin Castaldi, qui était un peu l'intercesseur des puissances invisibles de M6 auprès d'eux, pouvait leur apparaître comme un « pair » à peine plus âgé.

Parmi les 94 % des jeunes de quinze à vingt-cinq ans qui ont regardé *Loft Story* [7], il est donc probable que nombre d'entre eux l'aient fait pour y découvrir comment les « plus grands » – ou des membres de leur classe d'âge retenus par le *casting* – gèrent leurs alliances et leurs conflits,

6. C'est le cas dans *Populus*, *Les Sims* ou *Black and White*, pour ne citer que les plus célèbres d'entre eux.

7. Sondage Sofres pour *Le Monde*, 19 mai 2001.

notamment avec l'autre sexe. Qu'une telle émission ait paru mortellement ennuyeuse à ceux qui ont appris depuis longtemps à savoir comment vivre leur propre vie n'est pas étonnant. En revanche, des jeunes y trouvaient des modèles de comportements en relation avec leurs problèmes quotidiens. Comment doser tendresse et insistance ? À quel moment changer d'attitude ? Jusqu'où peut-on courtiser et quand doit-on abandonner ? Bref, ils y apprenaient que les jeux de l'amitié et de l'amour ne doivent rien au hasard. En outre, ces apprentissages leur semblaient d'autant plus importants que le relationnel et le sentimental sont aujourd'hui largement valorisés après avoir été méprisés au profit d'autres domaines jugés plus importants, comme l'engagement professionnel ou politique. Depuis quelques années, une presse s'est en effet développée qui ne met plus seulement en avant le fait de « réussir sa vie », mais tout simplement l'art de « mieux la vivre ». C'est peut-être dans l'attention que les parents portent aujourd'hui à ces questions que les jeunes trouvent leur plus solide repère identificatoire à leur égard. Mais il s'agit, on le voit, bien plus d'une direction que d'un mode d'emploi…

Le sexe retenu

Paradoxalement, *Loft Story* a exalté une certaine

sentimentalité [8]. Tout d'abord, le protocole de cette émission, qui a d'abord été présentée comme « montrant tout », dissuadait les relations sexuelles entre les participants. Ce n'était pas parce qu'ils auraient voulu cacher leurs ébats aux caméras, puisque des subterfuges existaient, comme celui qu'ont imaginé deux d'entre eux : une table recouverte d'une couette et constituant une sorte de tente ou d'igloo à l'abri des regards indiscrets. Non, si les lofteurs étaient dissuadés d'avoir des relations sexuelles, c'était pour une autre raison. Le but du jeu, annoncé au départ, était pour les deux gagnants – un garçon et une fille – de former un « vrai couple ». Du même coup, tout participant engagé dans une relation avec un partenaire courait doublement le risque d'être éliminé : par les autres lofteurs, qu'un couple correspondant à la finalité officielle du jeu menaçait, et par les téléspectateurs. En effet, si le partenaire était éliminé, celui qui restait devenait peu crédible pour nouer une relation avec un finaliste de l'autre sexe [9].

8. Encore une fois, nous parlons ici uniquement des extraits de M6.

9. C'est sans doute pour cette raison que M6 a changé les règles. Lorsque deux des quatre finalistes, un garçon et une fille, ont chacun affiché une relation amoureuse avec un participant exclu, il devint difficile de leur demander de former un « vrai couple » avec l'un des deux autres finalistes.

Si l'on ajoute à cela que les participants étaient coupés du monde, sans téléphone, sans télévision et sans courrier, on comprend que les moindres mots, gestes et attitudes de chacun d'entre eux aient pu prendre un relief extrême pour tous les autres. Le Loft recréait les attentes exacerbées de toutes les petites communautés coupées du monde. Quand chacun ne doit son estime de lui-même qu'à quelques personnes de son entourage, son attention à leur égard devient évidemment extrême. Or, pour des raisons dans chaque cas différentes, cette situation est à la fois celle des enfants vis-à-vis de leurs parents, celle des adolescents et préadolescents vis-à-vis de leurs camarades, ainsi que celle de chacun des deux membres d'un vieux couple. Il serait donc faux de dire que les contraintes imposées aux occupants du Loft entraînaient leur régression vers la petite enfance, et de s'appuyer par exemple sur l'importance qu'ils accordaient à leurs peluches pour le justifier. Si le Loft a fait régresser, ce n'est pas vers un état infantile, mais vers une sensibilité émotionnelle marquée à la fois par une plus grande dépendance aux opinions d'autrui sur soi et par une retenue des comportements ouvertement sexuels. Ces jeunes adultes qui, dans d'autres circonstances, n'auraient certainement pas hésité à s'engager dans des rencontres sexuelles sans souci du lendemain se trouvaient poussés ici à peser chaque fois le pour et le contre, et à différer. Du même coup, la sexualité était bien entendu omniprésente dans le discours – et les jeux proposés par M6 aux lofteurs, du genre « jeu de la vérité », étaient là pour l'encourager. À défaut de relations sexuelles, c'était les préliminaires qui accaparaient toute l'intensité émotionnelle que l'on accorde habituellement, dans notre culture, aux rapports dits complets. Où, ailleurs que dans le Loft, un homme de près de trente ans pourrait-il confier, bouleversé, face à la caméra : « Cette nuit, avec Laure, on a fait un câlin ! Rien de plus, mais rien de moins [10] ! » Dans cette simple phrase, se trouve sans doute le succès profond du Loft. Une autre participante, dans la même émission, nous énoncera dans le « confessionnal », puis dans un échange avec l'ensemble du groupe, la nature du câlin en question : « Fabrice a touché les "tétés" de Laure ! » On croit rêver... On se pince... Non, c'est bien vrai ! Ce garçon a été bouleversé d'avoir, à l'occasion d'une nuit où il déclara « avoir très peu dormi », « touché les "tétés" de son amie » !

10. Fabrice au « confessionnal », le lundi 12 mai 2001.

Cette émission est arrivée, ne l'oublions pas, à un moment où un discours cru sur le sexe est à la mode, même si la majorité de la presse féminine reste ouvertement sentimentale. Des créateurs sont tentés par le récit d'une sexualité tournée uniquement vers la performance anatomique, inhumaine à force d'être vidée de toute émotion, certains allant jusqu'à arguer qu'en amour, les émotions seraient un reliquat de l'hypocrisie bourgeoise et que seul importerait le jeu des organes. Indirectement, et sans bien entendu qu'ils le souhaitent, ces discours vont malheureusement dans le même sens que les viols collectifs désignés dans certaines banlieues sous le nom de « tournantes ». Les deux situations sont évidemment très différentes par le fait que ces créateurs se font les apologistes de choix libres et assumés, alors que les pratiques de viol collectif réduisent les femmes à l'état de victimes interchangeables. Mais comment ne pas voir que, dans les deux cas, c'est dire que l'émotivité n'importe pas en amour et que le corps doit rester froid comme un outil de performance, ou de vengeance d'un sexe contre un autre ? À la fin du dernier film de Catherine Breillat, *À ma sœur*, l'adolescente violée le dit clairement aux policiers qui la retrouvent : « Je n'ai pas été violée. » Autrement dit : ne faites pas chialer avec ça, c'est de la sensiblerie [11].

Loft Story avait donc tout pour rassembler les familles ! Avec *Hélène et les garçons*, les enfants avaient appris la différence entre le « baiser d'amour » et le « baiser de tendresse [12] ». Ici, ils découvraient la différence entre « coucher pour tirer un coup » et « faire l'amour », et, en plus, qu'il était possible d'en parler ! Les adolescents se familiarisaient avec les bienfaits de la confidence… et les succès de l'hypocrisie [13]. Quant aux parents, ils se rendaient compte que leurs enfants partagent, malgré le rap et la mixité précoce, les mêmes émois amoureux qu'eux. Enfin, les vieux couples y étaient confrontés aux vertus de l'explication : « Tu me regardes bizarrement depuis quelques jours… », « Tu ne m'as pas dit bonjour comme d'habitude ce matin », etc.

---

11. Le plus amusant dans l'histoire est que certains aient cru fondé d'accuser *Loft Story* de « fascisme » alors que c'est bien plutôt le sexe sans émotions qui se trouverait de ce côté-là.

12. Voir le beau livre de Dominique Pasquier, *La Culture des sentiments : l'expérience télévisuelle des adolescents*, Paris, Maison des sciences de l'homme, 1999.

13. Comment manœuvrer pour finir par pouvoir embrasser ? Ne vaut-il pas mieux d'abord faire rire, établir avec l'autre une complicité autour de « petits riens » ? Ne vaut-il parfois pas mieux demander un massage des pieds – ou du dos – pour « aller doucement » ?

Les générations se sont donc découvertes plus proches les unes des autres qu'elles n'auraient pu le croire. Certes, les revendications sexuelles qui ont été le mot d'ordre des années 1970 ont porté leurs fruits, mais ceux-ci n'ont pas toujours été ceux que les militants les plus engagés de cette époque pouvaient imaginer. Il leur avait semblé que leurs parents leur interdisaient tout, et même qu'ils s'interdisaient parfois tout à eux-mêmes. Ils rêvèrent d'un monde sans limites sexuelles, et certaines pédophilies militantes ont prospéré sur ce terrain. À l'angoisse de se sentir coupables selon les normes d'un sexe encadré par la morale et par la loi, ils ont opposé la revendication d'une sexualité sans attaches ni contraintes. Pour la plupart – mais pas tous ! –, ils n'étaient que de petits névrosés, mais c'est justement pour cela qu'ils rêvaient d'être de grands pervers ! Aiguillonnés par la contrainte permanente d'interdits précocement intériorisés, ils formaient le projet d'une sexualité excessive. Et, à défaut de pouvoir – ou de vouloir – prendre en compte le fait que leur éducation leur avait d'abord imposé une image tragique de la sexualité, ils décidèrent d'agir sur la quantité. La sexualité de leurs parents avait été froide et rare, la leur serait également froide, mais abondante. À l'enfer de leurs mères subissant une vie durant sans frémir le sexe de l'homme qu'elles avaient choisi une fois pour toutes, les militants du sexe libre opposèrent le leur : pouvoir connaître sans frémir le sexe de dizaines de partenaires qu'ils avaient choisis une fois pour une seule. Paradoxalement, le dispositif centré sur le voyeurisme aménagé par *Loft Story* a fini par révéler une sorte de réenchantement du monde amoureux qu'on pouvait croire mort !

Les miroirs de la sorcière Télévision

Si l'on s'en tient aux contenus mis en scène dans la version M6 de *Loft Story*, on comprend donc que beaucoup de téléspectateurs aient pu y trouver une sorte de miroir d'eux-mêmes. Et ce d'autant plus qu'ils étaient invités, par la construction de l'émission, à s'identifier alternativement à ceux des participants qui parlaient d'eux, à ceux d'entre eux qui regardaient ou écoutaient les précédents, ou encore à l'ensemble des téléspectateurs qui observaient la situation. Mais, en même temps, le dispositif de cette émission (vingt-cinq caméras cachées...) encourageait incontestablement l'illusion de « tout voir » et de « tout comprendre », dans une sorte de confusion mélangeant le regard et la pensée, soi-même et l'autre [14].

14. Confusion qui relève d'une sorte de fusion visuelle archaïque entre le petit enfant et sa mère.

Cette émission offrait donc en permanence deux registres possibles de réception [15] : une « vision-fusion » d'un côté, nourrie aux illusions de toute-puissance de la petite enfance auxquelles l'adulte ne renonce jamais totalement ; et une « vision-défusion » de l'autre, guidée par l'espoir d'acquérir une meilleure compréhension « en miroir » de sa propre personnalité. Le premier de ces registres était souvent le seul à être perçu par les opposants à l'émission, tandis que ceux qui la regardaient avec plaisir étaient en majorité sensibles au second.

Ces deux formes d'expériences sont en fait toujours plus ou moins présentes quand nous regardons des images. D'un côté, nous sommes invités à y croire comme à la réalité, et nous nous berçons de l'illusion d'avoir « tout compris » parce que nous croyons avoir « tout vu ». Mais, d'un autre côté, nous avons toujours la possibilité d'utiliser les images comme un miroir : ses reflets peuvent alors faciliter la compréhension de notre propre personnalité en favorisant notamment l'émergence de souvenirs et leur échange avec des proches. *Loft Story* n'a donc pas créé ces deux régimes du « voir » et du « narcissisme » à

15. Qui sont en fait deux facettes complémentaires de l'acte de voir.

l'œuvre dans nos relations aux images – l'un plus archaïque et l'autre plus élaboré –, mais elle en a mené les enjeux plus loin qu'ils ne l'avaient jamais été. Avec elle, la sorcière Télévision a créé une gigantesque confusion qui s'est notamment traduite, pendant deux mois, par un affrontement quasiment irréductible entre deux publics : ceux qui, alertés par les manipulations et les dangers de la confusion du « voir », ne s'attachaient qu'à ces aspects ; et ceux qui, trouvant enfin sur leur petit écran des personnages qui leur ressemblaient, ne comprenaient pas la violence des critiques formulées par leurs détracteurs.

Suffit-il alors de renvoyer ces deux publics dos à dos en disant qu'ils n'ont vu chacun qu'un seul aspect de l'émission et qu'ils doivent aussi envisager l'autre ? Non, bien sûr. Après avoir reconnu que chaque spectateur est condamné à osciller entre ces deux registres, il faut surtout l'aider à passer des risques du premier aux constructions plus structurantes du second. Le régime de « vision-fusion » entraîne en effet une confusion non seulement entre la réalité et son image, mais aussi entre soi et l'autre, et, partant, entre la pensée et l'acte. On parle beaucoup aujourd'hui de la nécessité d'une éducation aux images face aux spectacles de la violence, mais une émission comme *Loft Story* constitue une forme de violence des images tout aussi grande, bien qu'elle ne comporte pas de scènes de meurtre ni de viol. C'est pourquoi les enseignants qui ont accepté d'en parler avec leurs élèves ont eu raison. Ils les ont ainsi aidés à utiliser au mieux les miroirs des images et à échapper à une fusion fascinée.

Éduquer aux images pour prévenir leur confusion

Face aux risques de confusion générés par une émission comme *Loft Story*, les enseignants ou les pédagogues peuvent utiliser les mêmes outils de prévention que face aux images qui ont un contenu violent. Ces outils sont d'autant plus nécessaires que de telles émissions risquent de se multiplier [16]. Résumons-les rapidement.

Tout d'abord, ce sont les émotions qui donnent leur signification aux images, c'est donc d'elles qu'il faut partir. Il est important que les enseignants chargés de la formation aux images incitent d'abord les enfants à évoquer les effets sensoriels, émotionnels et corporels qu'elles ont produits sur eux. Un enfant chez qui les adultes n'encouragent pas la verbalisation des émotions éprouvées est conduit à penser que ses émotions

16. Pour une étude plus large de ces outils, voir Serge Tisseron, *Enfants sous influence, les écrans rendent-ils les jeunes violents ?*, Paris, Armand Colin, 2000.

sont indignes d'un adulte et qu'être « grand », c'est ne rien ressentir face aux spectacles qu'il voit. Un tel enfant grandit alors en apprenant à écarter de sa conscience les émotions désagréables. Il apprend peu à peu à s'immuniser contre le spectacle des images et, sur ce chemin, il s'immunise naturellement aussi contre le spectacle des horreurs réelles auxquelles il pourrait être confronté. Il apprend à y assister – ou même à y participer – sans rien ressentir. On voit donc que ce n'est pas la quantité d'images vues qui détermine un tel risque, mais l'attitude des adultes – parents ou pédagogues – qui donne à penser à l'enfant qu'un « grand » n'éprouve jamais ni dégoût, ni malaise, ni gêne, ni peur devant les images. Dans la relation aux images, c'est au corps sensible qu'il faut rendre voix, parce que c'est là que se manifeste d'abord la capacité de chacun de se mettre à la place de l'autre et d'être sensible à sa souffrance.

Ensuite, beaucoup d'enfants utilisent le langage comme moyen privilégié pour gérer les conséquences des images sur eux, mais cela ne leur est possible que s'ils trouvent un interlocuteur prêt à recevoir, à accompagner et à valider les représentations qu'ils se construisent dans une relation en miroir. Le rôle des parents est donc essentiel. Mais si beaucoup d'enfants utilisent le langage de façon privilégiée pour élaborer les effets des images sur eux, certains d'entre eux ont également besoin de pouvoir passer par la fabrication d'images, et d'autres ne peuvent utiliser ces divers moyens que s'ils ont d'abord mis corporellement en scène les effets des images sur eux. C'est pourquoi, s'il faut permettre aux enfants de mettre des mots sur ce qu'ils éprouvent, il ne faut pas pour autant les obliger à en parler. Certains d'entre eux ont besoin, pour y parvenir, d'avoir d'abord recours à des formes ludiques d'imitation : parler comme les personnages qu'ils ont vus, bouger comme eux, accomplir en jouant les gestes qu'ils ont vu représenter sur les écrans. Afin de donner à tous les enfants la chance de pouvoir élaborer les effets sur eux des images, il est donc essentiel de leur proposer d'abord des activités de jeux de rôle. Il sera ensuite possible de continuer à travailler leurs réactions à ces images en les invitant à en fabriquer eux-mêmes. Enfin, tous bénéficieront mieux de l'approche verbale si ceux qui ont besoin de passer d'abord par le corps pour parler ensuite ont pu accomplir ce chemin.

Enfin, un dernier moyen pour échapper à la fascination des images consiste à comprendre leur construction, et notamment les effets spéciaux qui ont permis leur fabrication. C'est pourquoi la télévision devrait encourager la production de *making off*, autrement dit d'émissions qui expliquent comment les images sont fabriquées, qu'il s'agisse de fictions ou d'actualités. Dans le même ordre d'idées, et pour la même raison, il est très important d'inciter les enfants à fabriquer leurs propres images, que ce soit à partir de papiers et de collages, d'appareils photographiques, de Caméscope ou de logiciels de traitement d'images. En outre, face à une émission comme *Loft Story,* un travail sur la reconstitution de son espace s'impose également. Inviter les enfants à dessiner le plan du Loft tel qu'ils l'imaginent à partir de ce qu'ils voient, puis à y situer les miroirs et les caméras, constituerait une excellente pédagogie de la fabrication des images, enrichie au fur et à mesure des soirées successives par la découverte de nouveaux points de vue. Les possibilités de manipulation des images, en effet, alimenteront de manière croissante non seulement les spectacles de fiction, mais aussi les émissions d'information, notamment par la possibilité de représenter d'une façon de plus en plus réaliste les événements dont aucune image « réelle » n'est disponible. La « télévision du quotidien », à laquelle participe *Loft Story*, a toujours largement pratiqué la construction d'un faux réel destiné à créer l'illusion d'un « plus vrai que nature [17] », et, avec le numérique, les parts de fiction et de réalité y seront de plus en plus indécidables. Les moyens permettant aux téléspectateurs – et notamment aux enfants – d'opérer une forme de mise à distance des images, et de voir sans forcément croire, leur seront donc de plus en plus nécessaires. Ils les aideront, de surcroît, à établir une meilleure distinction entre les images qui leur sont réellement présentées et celles qu'ils ont tendance à voir partout parce qu'ils sont désireux – ou redoutent – d'y être confrontés.

Le choc de *Loft Story*, espérons-le, engagera demain la télévision publique à réaliser des films, des documentaires et des journaux télévisés plus proches des préoccupations des gens. Mais si les choses devaient en rester à ce point, la leçon de cette émission n'aurait été comprise qu'à moitié. Il est indispensable aussi que les chaînes publiques intègrent dans leurs programmes des émissions d'éducation à l'image qui utilisent tous les moyens technologiques disponibles, dans le cadre de véritables spectacles télévisuels critiques, afin justement d'encourager les téléspectateurs à regarder les contes de la

---

17. Voir à ce sujet l'ouvrage de François Jost, *La Télévision du quotidien, entre réalité et fiction*, Paris, INA-De Boeck Université, 2001.

fée Télévision avec d'autres yeux. Car s'il existe des images violentes, il existe aussi une violence des images, qui consiste à y croire comme à une réalité, et qui n'est pas moins dangereuse.

La démonstration de soi : une culture de l'« extimité »

Si *Loft Story* a eu un aussi fort impact émotionnel, ce n'est pas seulement à cause de l'ambiguïté du regard que cette émission invitait à cultiver. Elle a également rendu sensibles plusieurs changements importants, notamment en ce qui concerne les rapports des individus à l'« intime » et au « public ».

Le droit à l'intimité

Le dispositif de *Loft Story* a d'abord choqué beaucoup de téléspectateurs par son caractère « impudique ». Il paraissait incroyable que des jeunes gens puissent accepter de se livrer à leur toilette ou à leurs ébats sexuels devant des caméras. Ils ne pouvaient être que des malades exhibitionnistes ! Quant à ceux qui les regardaient, ils étaient en toute logique d'autres malades, mais voyeurs ! Il est apparu en fait, au fil de l'émission, que ce renoncement à l'intimité n'était que très partiel. Tous les candidats ont été choqués de découvrir une caméra au-dessus de la douche, et certains n'ont fait leur toilette qu'en maillot de bain. Mais, surtout, un bref retour en arrière, ne serait-ce que vers la génération de nos parents et de nos grands-parents, montre que le sentiment de la pudeur est loin d'être immuable [1] et que les jugements d'exhibitionnisme ou de voyeurisme sont précisément liés à un moment de l'histoire.

Dans la société de cour du XVIIIe siècle, où les relations étaient extrêmement hiérarchisées, se mettre nu ne provoquait aucun sentiment de honte si c'était le fait d'une personne de rang plus élevé que celles qui assistaient à la scène. L'acte de se dévêtir était en revanche considéré comme une infraction aux règles sociales s'il se déroulait devant des personnes de rang socialement supérieur [2]. Plus près de nous, montrer ses chevilles, ses épaules ou ses seins a fait l'objet de condamnations morales variables selon les époques, jusqu'à ce que la nudité entre dans les mœurs. Un nombre croissant de nos contemporains acceptent ainsi de se montrer nus en public,

1. Voir à ce sujet, Jean-Claude Bologne, *Histoire de la pudeur*, Paris, Olivier Orban, 1986.

2. Norbert Elias, *La Civilisation des mœurs*, Paris, Calmann-Lévy, 1975.

ou par photographie interposée, la nudité corporelle n'étant plus, pour beaucoup d'entre eux, génératrice de honte. Or, actuellement, une partie de notre intimité psychique semble prendre le même chemin...

Mais que faut-il donc entendre par « intimité » ? Ce mot ne peut se définir que par confrontation des deux domaines qui s'y opposent : l'espace public et l'espace privé. Le premier engage ce que l'on partage avec le plus grand nombre, et le second ce que l'on partage seulement avec des personnes choisies. L'espace intime, quant à lui, est ce que l'on ne partage pas, ou seulement avec quelques très proches... et aussi ce que chacun ignore de lui-même : c'est à la fois son jardin secret et l'inconnu de soi sur soi. Cette « intimité » ne se confond pas pour autant avec le secret, sauf à opposer les « bons secrets », qui seraient ceux de l'intimité, à ces « mauvais » secrets que sont les secrets de famille. Le statut de ceux-ci est en effet très différent de celui de l'intimité. Celle des parents, par exemple, est quelque chose que les enfants n'ont pas le droit de connaître, bien qu'ils aient heureusement le droit de savoir qu'elle existe ! Ce qui caractérise les secrets de famille, au contraire, c'est qu'il est interdit à la fois de connaître quelque chose et de comprendre cette situation. Ce n'est pas seulement le contenu du secret qu'il est interdit de savoir, c'est son existence même. Autrement dit, il est à la fois interdit de comprendre et interdit de ressentir qu'il est interdit de comprendre !

Le droit à avoir un espace intime est essentiel pour chacun d'entre nous, et ce, aussi bien du point de vue mental que social. Commençons par l'intimité psychique. Le petit enfant n'en a pas parce qu'il imagine que tout ce qui se passe dans sa tête est vu ou entendu par ses parents. C'est pourquoi le moment où il en prend conscience est extrêmement important pour son évolution. Cette découverte passe souvent par l'invention d'un petit mensonge : l'enfant ment à ses parents pour s'assurer que ceux-ci ne lisent pas dans ses pensées. Il est donc particulièrement regrettable que certains parents croient alors bon de s'opposer à cette découverte en disant par exemple : « Tu ne peux rien me cacher », ou, « Quand tu me mens, je le vois de suite à ton nez qui bouge. » Ils retardent la survenue de ce moment structurant pour leur enfant… sans pour autant s'assurer de sa part une plus grande sincérité.

Le droit à l'intimité est également essentiel à la constitution d'une organisation sociale démocratique. Toutes les sociétés préoccupées de liberté garantissent d'ailleurs officiellement la distinction entre vie publique et vie privée. Inversement, les sociétés totalitaires tentent de l'effacer. Les dictateurs essaient ainsi souvent de convaincre leur peuple que tout concerne l'État, aussi bien dans la vie intime que dans la vie publique. Le roman de George Orwell intitulé *1984* décrit bien une telle société dans laquelle tout un peuple vit sous un contrôle de tous les instants.

La façon dont se développe actuellement la mode des *webcams* confirme d'ailleurs l'importance, pour tout être humain, de cette distinction entre un espace intime et un espace public. Ceux qui installent chez eux des caméras reliées à un site Internet se ménagent toujours une pièce ou un espace à l'abri des regards, qu'il s'agisse d'un coin de fauteuil, des toilettes ou d'une tranche horaire. Chez les habitants du Loft, en permanence piégés par les caméras, ce moyen privilégié a d'abord été l'exaltation des formes non visibles de l'intimité. « J'ai mon jardin secret », affirme ainsi l'un des participants quand il parle, à une autre, de ses préférences pour l'une des filles du Loft. « Mais, pour le moment, je le garde pour moi et je n'en parle surtout pas au confessionnal [3] ! » À une jeune téléspectatrice voulant savoir, plus tard, s'il « a fait "crac-crac"

3. Fabrice avec Laure, émission du 1er juin 2001.

avec Laure », le même répondra, après sa sortie, que cela ne concerne qu'eux.

Tous les lofteurs, à un moment ou à un autre, ont d'ailleurs rappelé ces limites de leur intimité et fait valoir un droit au secret, que ce soit à l'intérieur ou à l'extérieur du Loft [4]. Tout être humain a besoin de faire la distinction entre « espace intime » et « espace public », mais cela ne veut pas dire que la frontière entre les deux soit la même pour tous, ni qu'elle soit stable pour une personne donnée. D'autant que ce droit entre aujourd'hui de plus en plus souvent en concurrence apparente avec un désir d'« extimité ».

Le désir d'« extimité »

Je propose d'appeler « extimité » le mouvement qui pousse chacun à mettre en avant une partie de sa vie intime, autant physique que psychique. Cette tendance est longtemps passée inaperçue bien qu'elle soit essentielle à l'être humain. Elle consiste dans le désir de communiquer à propos de son monde intérieur. Mais ce mouvement serait incompréhensible s'il ne s'agissait que de « s'exprimer ». Si les gens veulent extérioriser certains

4. Ce fut notamment le cas d'Aziz et de Kenza au sujet de leur relation, et celui de Steevy, pressé par un téléspectateur de répondre aux rumeurs sur son éventuelle homosexualité.

éléments de leur vie, c'est pour mieux se les approprier, dans un second temps, en les intériorisant sur un autre mode grâce aux réactions qu'ils suscitent chez leurs proches [5]. Le désir d'« extimité » est en fait au service de la création d'une intimité plus riche.

Cette opération implique en pratique deux postures psychiques successives. Tout d'abord, il nous faut pouvoir croire que notre interlocuteur partage le même système de valeurs que nous. C'est en effet seulement à cette condition que nous pouvons prendre le risque de lui confier quelque chose de nous-mêmes. C'est pourquoi les phénomènes de groupe sont aussi importants, notamment à l'adolescence : ils permettent à chacun de s'assurer que ses références sont partagées par ceux qui l'entourent. Autrement dit, pour pouvoir confier sans crainte certaines parties de notre intimité à un autre, il nous faut d'abord identifier cet autre à nous-mêmes. Mais, sitôt la dynamique de l'« extimité » engagée, l'interlo-

5. Ce mouvement psychique a été repéré dès les années 1970 par les psychanalystes Nicolas Abraham et Maria Torok et baptisé par eux « introjection ». Ils en ont fait le moteur principal de l'appropriation psychique du monde par tout être humain, et ils ont spécifié son fonctionnement particulier dans le travail analytique (N. Abraham et M. Torok, *L'Écorce et le Noyau*, Paris, Aubier-Montaigne, 1978).

cuteur qui réagit à notre attitude n'est plus un double de nous-mêmes. Pour accepter son point de vue et commencer à nous en enrichir, il nous faut maintenant nous identifier à lui [6].

Ce mouvement a toujours existé. La nature profonde de l'être humain est en effet de se donner à tout moment des représentations des événements qu'il traverse, et ce, à la fois avec des gestes, des mots et des images. Ces constructions ne sont pas forcément conscientes ni volontaires. Elles relèvent d'une sorte d'« instinct » qui est le moteur de l'existence, aussi bien du point de vue psychique individuel que des liens sociaux. En revanche, ce mouvement a longtemps été étouffé par les conventions et les apprentissages. Ce qui est nouveau, ce n'est pas son existence ni même son exacerbation, c'est sa revendication [7] et, plus encore,

6. C'est déjà ce qu'écrivait sous une autre forme Jean Piaget, le célèbre spécialiste de la psychologie de l'enfant : l'« assimilation » et l'« accommodation » du monde sont inséparables parce que le mouvement qui consiste à identifier l'autre à soi est indissociable de celui qui consiste à s'identifier à lui. (*La Naissance de l'intelligence chez l'enfant*, Paris, Delachaux et Niestlé, 1977).

7. Ce sont les travaux de Jean-Claude Kaufmannn, notamment *Ego, pour une sociologie de l'individu* (Paris, Nathan, 2000), qui ont attiré mon attention sur le lien qu'il était possible d'établir entre le désir d'introjection qui caractérise tout être humain et certains comportements actuels d'adolescents.

la reconnaissance des formes multiples qu'il prend. Le mouvement de l'« extimité » utilise en effet le langage, mais pas seulement lui. Dans le Loft, les garçons et les filles se parlent, mais ils passent aussi beaucoup de temps à échanger des gestes, à danser ensemble ou séparément, à jouer, à se déguiser... Les pratiques par lesquelles le soi intime est mis en scène dans la vie quotidienne ne revêtent non pas une seule forme, mais trois : verbale, imagée et corporelle. L'être humain ne se distingue pas des animaux par son aptitude à se donner des représentations du monde et à les partager, car certains animaux sont capables de se donner des représentations d'événements qu'ils traversent et de les communiquer. Ce qui le distingue, en revanche, c'est le fait que, chez lui, ces représentations tendent toujours à s'organiser selon trois modalités complémentaires : les gestes porteurs de sensations et d'émotions, les images aussi bien psychiques que matérielles, et les mots.

Cette particularité fondatrice de l'humain – l'existence de trois formes de symbolisation – a évidemment trouvé sa formulation mythologique. Il ne s'agit pas d'un mythe de la Grèce ancienne, comme c'est si souvent le cas quand on aborde la psychanalyse, mais d'un mythe catholique : le dogme de la sainte Trinité. Ce dogme – qui échappe à l'entendement comme tous les dogmes – concerne précisément l'idée que Dieu est Un en Trois : le Père, le Fils et le Saint-Esprit. Or, si nous regardons dans l'Ancien et le Nouveau Testament comment ces trois personnes sont définies, nous nous apercevons qu'elles ont chacune des caractéristiques qui les engagent du côté de l'une des trois formes de la symbolisation.

Dieu le Père, tout d'abord, « met la main à la pâte » puisqu'il pétrit Adam et Ève à partir d'un peu de glaise dans l'un des deux récits de la Genèse et que, dans l'autre, il fabrique Adam d'abord, puis lui enlève une « côte » pour fabriquer Ève. Dieu le Père est également capable d'émotions puisque le même récit nous dit qu'il trouve sa Création réussie. Et il est également capable de se sentir fatigué puisqu'il décide de se reposer le septième jour. Dieu le Père est ainsi plutôt situé du côté de l'action motrice, du corps et de la sensorialité.

Jésus-Christ, quant à lui, est « image de Dieu » et, en même temps, il invite tout être humain à se construire « à son image ». C'est pourquoi Jésus-Christ, pour les catholiques, rend légitime leur désir de se donner des images de Dieu et des saints.

Enfin, le Saint-Esprit incarne les pouvoirs de la parole. C'est notamment ce que nous montrent les événements de la Pentecôte, lorsque les apôtres sont réunis et ne savent pas comment annoncer la nouvelle de la résurrection du Christ. Le Saint-Esprit apparaît sous la forme d'une « langue de feu » au-dessus de la tête de chacun d'entre eux et les apôtres sont miraculés : ils ont le pouvoir de parler et de comprendre tous les langages. Ces « langues de feu » constituent une image très « parlante » : le Saint-Esprit est engagé du côté de la parole, autrement dit de la symbolisation verbale.

Les trois formes de la symbolisation sont un peu comme le Père, le Fils et le Saint-Esprit dans le dogme chrétien de la sainte Trinité, puisque la symbolisation, comme Dieu, est toujours normalement trois en une : à la fois sensori-motrice, imagée et verbale. Malheureusement, il n'en est pas toujours ainsi. Parfois, à la suite d'événements douloureux, une forme unique de symbolisation se met en place, ou simplement deux. Le problème est que les représentations sensori-motrices, lorsqu'elles témoignent seules d'un événement vécu, peuvent difficilement être reliées à celui-ci. Elles restent coupées de leur cause, ce qui provoque chez la personne le surgissement de sensations, d'émotions ou même de gestes qu'elle ne comprend pas, et qui lui paraissent inexplicables. C'est souvent le cas des gens qui pleurent sans raison, se mettent brutalement en colère sans savoir pourquoi, ou même accomplissent des gestes violents ou érotiques qu'ils ont l'impression de ne pas avoir désirés et qu'ils regrettent aussitôt.

Si la symbolisation imagée de l'événement douloureux a pu être mise en place elle aussi – et pas seulement la symbolisation sensori-motrice –, la personne a également des représentations visuelles de celui-ci. Mais ces représentations s'imposent souvent à elle de manière répétitive, sans qu'elle puisse intervenir ni sur leur début ni sur leur fin, et elle éprouve alors le sentiment pénible d'être en quelque sorte l'otage de scènes vis-à-vis desquelles elle ne parvient à prendre aucune distance.

Seule l'intervention du langage permet de dénouer de telles situations, en rendant au sujet la possibilité de les travailler, de les transformer et de les intégrer progressivement à sa vie psychique consciente. Mais, en même temps, ce travail du langage n'a de sens que si les émotions, les sensations, les états du corps et les images qui ont accompagné l'événement vécu ne sont pas oubliés et restent présents tout au long de l'élaboration de celui-ci pour en relancer et en approfondir la mémoire.

La création de représentations nouvelles en lien avec des objets et des événements nouveaux participe donc à l'enrichissement infini de chacun, mais ce mouvement n'est possible que s'il y a d'abord une « extériorisation » de ce qui est ressenti ou pensé en direction d'un tiers qui permet de le réajuster, de le valider et de l'intérioriser sur un mode socialisé. Le mouvement qui pousse aujourd'hui les jeunes à revendiquer, plus que dans les générations précédentes, le droit à se montrer, expérimenter et choisir n'est que la face la plus visible de leur désir de s'approprier davantage leur existence. C'est ce que confirment les trois technologies qui rencontrent tellement de succès auprès des jeunes et contribuent à bouleverser leur rapport à l'intimité : le téléphone portable, l'écriture sur ordinateur et les nouvelles machines à images.

La narration verbale de soi

On présente parfois le téléphone portable comme une machine permettant de communiquer à distance, alors qu'il est d'abord bien souvent utilisé… pour ne pas communiquer ! Avant l'invention du portable, il était en effet toujours difficile de faire valoir son désir d'être seul lorsqu'on se trouvait au milieu d'un groupe. Avec le portable, au contraire, il devient plus facile de se mettre à l'écart sans encourir aucune réprobation sociale : celui qui s'écarte du groupe n'est pas suspecté de mépriser sa société, quand tout le monde comprend qu'il se consacre à des relations lointaines et certainement très importantes pour lui. Le téléphone portable modifie donc la représentation de l'existence de chacun dans un groupe, en lui permettant d'affirmer son droit à être physiquement présent et psychiquement absent.

La deuxième transformation introduite par le téléphone portable concerne la relation d'attachement. Cet objet constitue en effet une sorte de cordon ombilical qui permet de garder à tout moment un contact privilégié avec ceux dont on se trouve provisoirement éloigné. Le portable modifie la relation que nous entretenons avec nous-mêmes en écartant le spectre de la solitude et de l'abandon. Où que nous soyons, il nous assure que notre solitude cessera aussitôt que nous le souhaiterons. À la limite, le portable devient une sorte de peluche. Inventée pour rassurer l'enfant, celle-ci est parfois utilisée par lui comme un interlocuteur vivant privilégié : il lui parle en secret. Le téléphone portable, inventé comme un moyen de communiquer avec d'autres humains, devient pour certains le moyen d'échapper à l'angoisse de l'abandon par sa seule présence : poser la main sur lui, comme sur un être cher, rassure.

Cet objet introduit en troisième lieu une expérience différente de l'espace. Avec un téléphone fixe, la première question que se posent les interlocuteurs est en général : « Comment vas-tu ? » Avec un téléphone mobile, cette question devient : « Où es-tu ? » Bien que, parfois, la question ne soit pas posée, c'est souvent par là que le récit débute : « Je suis dans le train », « en voiture », « en montagne », « à la mer ». À la limite, la conversation se réduit à cela : la description du cadre. Avec le téléphone portable, l'identité ne relève pas d'une pensée, mais d'une coordonnée géographique. On raconte non plus ce qu'il y a à l'intérieur de soi, mais autour de soi.

Enfin, et surtout, le téléphone portable est en train de brouiller les repères attachés à la sphère intime et à la sphère publique. Traditionnellement, ces repères étaient fixés par le groupe de façon précise : la première était liée aux lieux intimes, et la seconde aux lieux publics. Avec le téléphone portable, cette opposition peut être redéfinie par chacun pour son propre compte. Nous y gagnons tous la possibilité de transformer malgré eux les inconnus d'une voiture de chemin de fer ou d'un trottoir en témoins de notre intimité ! Avant le portable, bien entendu, il était toujours possible d'avoir des échanges privés, de couple par exemple, en public. Mais quand l'un des deux conjoints ou amis se laissait aller sur cette pente, il était fréquent que l'autre, saisi par la honte, l'invite à un peu plus de retenue. Avec le téléphone portable, il n'y a pas cette limite parce que, très vite, les deux interlocuteurs oublient chacun les personnes qui se trouvent autour d'eux. Quand celui auquel nous nous adressons est physiquement près de nous, il nous est impossible de le regarder sans voir aussi les inconnus qui nous entourent. Mais quand il est invisible, présent seulement par sa voix, l'attention que nous accordons à celle-ci et l'image que nous tentons malgré nous de nous faire de lui nous rendent très vite aveugles et sourds à notre environnement concret. La pudeur – ou, si l'on préfère, la gêne, cette forme mineure de la honte – n'existe plus. Nous acceptons de mettre à nu nos pensées les plus personnelles d'une manière qui modifie l'intimité psychique aussi radicalement que la nudité a changé l'intimité corporelle ces trente dernières années.

Le miroir d'Internet

Parallèlement au téléphone portable, et d'une façon très différente de lui, la communication par Internet est également en voie de modifier le rapport à l'« extimité ». Le travail d'écriture a en effet longtemps été coulé dans un moule intangible : d'un côté, du papier (ou un équivalent) et, de l'autre, un instrument d'inscription qui s'est progressivement compliqué au fil des siècles tout en restant fondé sur le principe d'un liquide s'échappant d'un support pointu tenu à la main.

Mais le développement de la machine à écrire, puis de l'ordinateur, a introduit une technique d'écriture radicalement nouvelle : le locuteur tape sur un clavier des lettres qu'il voit s'inscrire devant lui sur un écran. Or ce changement a des conséquences très importantes sur le contenu de ce qui est écrit. Toute technique s'accompagne en effet d'une *posture* psychique qu'elle induit et qui influe, à son tour, sur le contenu du message. Avant de se mettre devant une feuille de papier, un écran d'ordinateur ou un microphone, celui qui s'apprête à donner une forme concrète à sa pensée n'en a encore qu'une idée très approximative. En effet, la pensée se construit dans le va-et-vient entre les contraintes imposées par la machine, les échappées libératoires qu'elle permet et le projet du texte qui s'en trouve modifié à chaque instant. Ainsi, elle se construit différemment selon qu'on parle, qu'on écrit sur du papier ou qu'on tape sur un clavier devant un écran d'ordinateur.

Comparons alors les postures psychiques spécifiques mobilisées par ces trois manières différentes de parler de soi : le langage, l'écriture papier-crayon et l'ordinateur.

Le *langage parlé*, tout d'abord, est appris pour chacun dans la convivialité chaleureuse de la famille. Les parents, mais aussi les frères et sœurs, les grands-parents, les oncles ou les tantes en ont en général accompagné les premières manifestations avec intérêt et empathie. Parler, c'est toujours marquer sa continuité avec le bain sonore dans lequel on a grandi. Toute famille possède en effet ses manières de parler, ses intonations et ses accents, ses expressions et locutions favorites, et tout apprentissage de la langue intègre ces particularités comme autant de signes d'appartenance. Le langage parlé renvoie à la permissivité maternelle : il se fait dans la bouche, comme la tétée dont il rappelle les mouvements, et il est volontiers porté par l'empathie et la confiance dans l'interlocuteur. C'est pourquoi le langage parlé est inséparable de l'illusion de rencontrer un interlocuteur qui partage avec nous un minimum de points communs assurés, sinon nous ne nous y risquerions pas !

L'*écriture*, elle, se développe sur un fond de réminiscences bien différent. Beaucoup de personnes se déclarent terriblement inhibées lorsqu'elles doivent écrire et ne parviennent pas à inscrire ce qu'elles formulent pourtant facilement avec le langage. C'est parce que l'apprentissage de l'écriture s'est, en règle générale, déroulé en milieu scolaire, là où l'encre rouge de la maîtresse fait pleurer les enfants... La pratique de l'écriture est ainsi devenue pour chacun d'entre nous inséparable de la crainte qu'un regard autorisé et savant ne nous condamne. Cette position psychique (que les psychanalystes appellent « surmoïque ») est réveillée chaque fois que nous prenons une plume, et cette situation explique pourquoi si peu de gens parviennent à écrire : ils soumettent immédiatement les mots qui leur viennent à une exigence surhumaine qui leur fait paraître « mal dit » tout ce qu'ils pourraient coucher sur le papier. À la différence du langage parlé, plutôt porté par l'oralité maternelle, l'écriture est plutôt paternelle, marquée d'emblée par la contrainte de la motricité contrôlée et la rigueur des règles de grammaire et de syntaxe. Face à cette opposition de la permissivité maternelle dans le langage et de la contrainte paternelle dans l'écriture sur papier, l'écriture sur ordinateur engage une troisième éventualité, celle de la communauté des pairs. Elle consiste à affirmer, sans honte, ses particularités, dans l'espoir de rencontrer un interlocuteur qui les reçoive, les valide et les restitue.

La posture psychique organisée par la situation face au *clavier* est en effet radicalement distincte à la fois de celle du langage et de celle du rapport au papier, et elle diffère en outre selon que la personne qui l'utilise a reçu ou non une formation dans ce domaine.

La pratique de la machine à écrire a en effet été longtemps limitée à ceux qui en faisaient l'apprentissage, essentiellement pour des raisons professionnelles. En revanche, l'usage du clavier d'ordinateur, notamment lors des *chats* sur Internet, s'est largement généralisé, entraînant le développement de nouvelles manières de dactylographier, et donc de se raconter. Certains internautes utilisent deux doigts, d'autres trois, d'autres encore quatre, mais rares sont ceux qui tirent profit de la totalité de leurs deux mains comme les secrétaires de profession. En outre, certaines personnes tapent en fixant l'écran, mais beaucoup regardent le clavier et ne découvrent leur écriture que dans un second temps. Il est probable que le développement de l'informatique et des logiciels de traitement de voix amènera bientôt un certain nombre d'utilisateurs de cette technique à faire appel à un simple microphone et à laisser l'ordinateur opérer la transcription écrite de leurs propos. En attendant que cette situation prévale, le développement de l'écriture par clavier et écran interposés a d'ores et déjà entraîné l'émergence d'un *nouveau rapport au texte.* Tout d'abord, l'écriture sur clavier n'est pas soumise aux mêmes injonctions « surmoïques » que l'écriture papier-crayon, puisqu'elle est libérée de l'exigence de perfection qui a marqué l'apprentissage de l'écriture. Il ne faut donc pas s'étonner que cette manière d'écrire joue volontiers avec les transcriptions phonétiques d'une façon jubilatoire par rapport aux contraintes de l'écriture papier-crayon.

Ensuite, alors qu'une personne formée à la dactylographie crée une distanciation immédiate entre son geste et son écriture en fixant constamment le papier ou l'écran, un autodidacte est souvent condamné à regarder les touches pendant qu'il tape, et à découvrir son texte dans un second temps. Cette caractéristique le rend plus sensible à la traduction dactylographique des états émotionnels qu'il vit face au clavier.

Enfin, la troisième caractéristique de la posture psychique qui préside à l'écriture sur clavier est l'illusion d'un rapport privilégié à une communauté de pairs que l'on s'est choisie. Alors que la langue parlée est inséparable de la famille dans laquelle nous sommes nés sans la choisir, et que le langage écrit est tributaire des apprentissages scolaires, le langage dactylographié sur ordinateur est inséparable de l'idée d'une communauté de gens supposés participer aux mêmes projets, aux mêmes enthousiasmes et aux mêmes rêves que soi. Une fois qu'il a sélectionné son correspondant, ou le lieu de rencontre où il peut espérer trouver le maximum de gens partageant ses centres d'intérêt et ses préoccupations, l'internaute se rend attentif à ses états intérieurs parce qu'il pense que ceux-ci seront favorablement accueillis par ses interlocuteurs. Il s'autorise à sauter d'une pensée à l'autre, utilise de manière ludique tous les caractères et signes disponibles, notamment les points de suspension ou d'exclamation, et insère dans son texte des *smiles*, ces petits visages qui sourient ou qui pleurent.

L'écriture qui en résulte consiste souvent à jeter des mots à travers lesquels on tente de s'approcher de soi-même plus que de l'autre, et d'attendre de celui-ci, en retour, d'autres mots à travers lesquels on pourrait mieux encore se cerner et se connaître. Autrement dit, cette écriture est centrée sur l'« extimité », et c'est pour cela qu'elle ne se soucie pas de son avenir. Un vieil adage a longtemps opposé les paroles qui « passent » aux écrits qui « restent ». L'écriture sur clavier et écran telle qu'elle est utilisée sur Internet, notamment dans les *chats,* relève de l'idée que les écrits pourraient bien passer plus vite encore que les paroles ! La pratique du *chat*, tout comme celle de l'e-mail, suppose que l'écriture, comme le langage, contienne une vérité dans le moment de sa formulation. Cette vérité est non pas dans la chose dite, mais dans le mouvement qui pousse à la dire. L'écriture sur Internet est d'abord bien souvent une image de ses émotions et de ses intuitions tendue à l'autre dans l'attente qu'il les reconnaisse et les valide. Le désir qui la sous-tend est, tout autant que de susciter la pensée, de rencontrer un interlocuteur bienveillant, demandeur comme soi d'un échange ponctuel et instantané pour « se » connaître mieux. Ce pronom, on l'a compris, renvoie ici à une relation à soi-même autant qu'à l'autre, il est spéculaire autant que réciproque…

Le piège des images familiales

Depuis quelques années, la narration de soi n'emprunte plus seulement le chemin de l'écriture, mais aussi celui des images. Des photographes présentent des œuvres ouvertement autobiographiques, et la pratique du « journal intime photographique » est de plus en plus répandue chez les artistes, mais aussi dans les familles. Ce mouvement est lié à l'apparition d'appareils de prise de vue de plus en plus petits, performants et bon marché. Mais il trouve aussi son origine dans l'envahissement des images dont nous sommes tous victimes. Il y a aujourd'hui tellement d'images qui nous dérangent, nous bouleversent ou nous angoissent que nous sommes de plus en plus portés à vouloir créer les nôtres. Cette manière de fabriquer notre propre vision du monde est bien entendu une forme de résistance contre les images qui s'imposent à nous en nous faisant violence. Il s'agit donc d'une manière d'« extimité », puisque nous tentons d'objectiver notre perception personnelle d'un événement pour enrichir notre monde intérieur par les réactions de notre entourage à notre création [8]. Ce désir est notamment celui des parents qui photographient sans cesse leur enfant. Ils tentent de mettre sur la pellicule leurs émois et leurs états d'âme face à leur progéniture, et ils ont le sentiment de mieux s'approprier leurs émotions en le faisant. Le problème est qu'en agissant ainsi ils fabriquent des images dans lesquelles leurs enfants ont toutes les chances de se sentir piégés à leur tour.

Ce n'est pas pour rien qu'on emploie pour désigner le geste de « photographier » des mots

8. Sur cet aspect de notre rapport à la photographie, voir Serge Tisseron, *Le Mystère de la chambre claire, photographie et inconscient*, Paris, Les Belles Lettres, 1996, rééd. « Champs Flammarion », 1999.

qui évoquent le rapt, ou même la mise à mort, comme dans le mot anglais *shoot*, et que les rituels d'envoûtement utilisent des effigies. Posséder l'image de quelqu'un donne souvent le sentiment de pouvoir exercer sur lui un pouvoir, et cette pensée nous habite toujours plus ou moins même si nous la jugeons absurde. Bien entendu, notre culture a privilégié l'idée que l'image est un signe et que, à ce titre, elle n'engage pas la personne réelle qui s'y trouve représentée. Pourtant, cette certitude est avant tout intellectuelle. Sur le plan émotionnel, nous ne sommes jamais bien certains que notre image ne contient rien de nous en réalité. D'ailleurs, c'est une chose de savoir que quelqu'un ne nous aime pas, et une autre d'apprendre qu'il s'est procuré une photographie de nous et qu'il plante des aiguilles dedans ou en déchiquette des morceaux ! Dans le domaine de nos relations aux images, ce que nous savons qu'elles sont – à savoir, seulement des représentations du monde – est bien différent de ce que nous éprouvons à leur contact. C'est pourquoi personne ne peut se déclarer indifférent aux images de lui que d'autres regardent, admirent, haïssent, ou utilisent à leur façon.

Pourtant, l'évolution technologique, dans ce domaine comme dans d'autres, est un moteur de bouleversements importants. Au fur et à mesure qu'il est devenu plus facile de créer des images, notamment avec la photographie, chacun a pu opposer aux images de lui-même qui lui déplaisaient d'autres images, construites ou choisies par lui. Mais, aujourd'hui, nous sommes entrés dans une nouvelle phase : il existe tant et tant d'images de chacun d'entre nous que leurs effets s'annulent mutuellement. Il ne nous reste plus alors qu'à abandonner au monde des images celles qui portent notre effigie, autrement dit à décider qu'elles ne nous représentent plus et à engager la perception de notre identité – et de celle des autres – sur un terrain différent.

C'est, d'une certaine façon, ce qu'a dit chacun des occupants du Loft en regrettant d'avoir trop vite « cru » à l'image donnée par tel ou tel d'entre eux. Le « play-boy », la « bourge » ou la « pouf à la petite cervelle » ont peu à peu été vus différemment, à la fois par les autres participants et par les téléspectateurs. *Loft Story*, en ce sens, n'a pas seulement « surfé » sur un phénomène culturel majeur, il en a amplifié les effets.

De nouvelles règles du jeu

En fait, *Loft Story* est aussi le récit des moyens employés pour recréer des conditions d'intimité quand les repères habituels de celle-ci sont menacés. L'un des moyens est évidemment de donner moins d'importance aux repères visibles de l'identité qu'à ceux qui sont invisibles. Les participants ne peuvent pas cacher leur apparence, mais ils n'en donnent que plus d'importance à la possibilité de cacher leurs émotions et leurs pensées. Le discours sur l'intimité, avec ses précisions et ses ombres, révèle au voyeur qui croyait avoir « tout vu » qu'il n'avait en fait rien vu du tout ! Le discours verbal sur l'intimité, aussitôt qu'il laisse planer le doute, réduit à peu de chose le viol supposé de celle-ci par caméras interposées.

En fait, les fragments d'enregistrements privilégiés dans l'émission quotidienne de M6 témoignent, de ce point de vue, d'une évolution importante. Dans un premier temps, la règle semblait être que la chaîne montrerait l'ensemble des événements importants du Loft au fur et à mesure de leur venue, bien entendu dans les limites de la décence autorisée. La rencontre entre Loana et Jean-Édouard a ainsi été évoquée par leur baiser « mouillé » dans la piscine avant que leurs ébats proprement dits ne soient cachés. De la même façon, la rencontre entre Julie et Christophe a été illustrée par des images où on les voyait s'embrasser tendrement le matin, ce qui nous incitait à imaginer qu'ils avaient fait durant la nuit bien d'autres choses qui n'étaient pas montrées. Le commentaire de Benjamin Castaldi insistait d'ailleurs souvent sur les événements que nous ne voyions pas et qui venaient donner leur sens à ceux qui nous étaient montrés.

Pourtant, au fur et mesure que l'émission avançait, un autre principe a prévalu. La règle est devenue celle qui sous-tend malheureusement la plupart des émissions de télévision, à savoir le principe de frustration. Le spectateur est constamment invité à rester devant son écran pour voir ce qu'il n'a pas encore vu, qu'on promet de lui montrer plus tard, et qu'il ne verra évidemment jamais sous la forme qu'il était en droit d'imaginer compte tenu de ce qui lui avait été dit. Le spectateur tenu en haleine, ou, si l'on préfère, maintenu dans un état d'excitation curieuse, est ainsi invité à rester « scotché » à son écran pour ne pas courir le risque de rater ce qu'on lui a annoncé comme spectaculaire durant toute l'émission.

Enfin, à la fin du mois de mai, l'intervention d'une participante au « confessionnal » que M6 a choisi de diffuser, a semblé montrer que la chaîne était prête à jouer de nouvelles règles. Kimy a évoqué les relations sexuelles de deux autres lofteurs qui se seraient déroulées à côté d'elle pendant la nuit, sans que cette affirmation soit ni confirmée, ni infirmée, ni par des images, ni par des propos du présentateur. Ainsi la nouvelle règle devenait-elle : « On vous montre l'un des participants vous dire ce qu'il a vu ou entendu, mais on ne vous montre pas ce que les caméras ont filmé au même moment. » En ne nous donnant aucun élément qui nous permette de nous faire une idée du caractère vrai ou faux des propos tenus par Kimy, les réalisateurs de M6 privilégiaient donc le récit sur l'image, et le dit sur le vu. En même temps, ils nous rendaient sensibles à une dimension de l'intériorité qui échappe à toute visibilité, celle qui a trait à l'interprétation personnelle des événements.

Cette intimité-là relève non pas de l'apparence physique, mais du secret psychique, et aucun dispositif scopique ne peut la dérober à qui que ce soit. Or il semblerait bien que ce soit elle que les nouvelles générations, piégées de plus en plus dans leurs faits et gestes par les « machines à voir », soient amenées à développer. Cette intériorité des pensées et des sentiments n'est pas quelque chose de nouveau en soi dans la culture occidentale, mais elle est en train de se généraliser à toutes les couches sociales. Pendant très longtemps, l'individualité et l'intériorité sont apparues comme un luxe de privilégiés, tandis que les gens, dans leur grande majorité, n'étaient censés suivre que les exigences de leur groupe. La surveillance mutuelle, au nom du « qu'en-dira-t-on », était permanente. Puis une deuxième période a exalté l'individualité du plus grand nombre et a reconnu à chacun le droit de cultiver un jardin personnel à l'écart des regards du groupe. Aujourd'hui, ce n'est pas à un retour à la première de ces situations auquel nous assistons, mais à une troisième étape dans laquelle l'intimité est suffisamment valorisée et intériorisée pour que l'individu puisse ruser avec les surveillances. L'affirmation de cette nouvelle génération peut être résumée en ces termes : « L'intimité, c'est là où je veux et quand je veux. » Or, sur ce chemin, l'abandon de l'image de soi comme repère de l'identité, notamment dans les nouvelles relations familiales, joue un rôle capital... parce que la surveillance commence non pas avec les caméras de M6, mais bel et bien dans les familles !

L'identité affranchie des images visuelles

Ceux qui ont aujourd'hui entre quinze et vingt-cinq ans ont grandi avec la télévision, ou plutôt avec cette forme particulière de télévision qui a fini par nous faire oublier qu'il puisse en exister une autre : celle de la multiplicité des chaînes, de la télécommande et des grands débats mis en spectacles. Mais, avec le développement des Caméscope familiaux, cette génération a pris aussi l'habitude de se voir « dans le poste »...

De la télévision aux nouvelles pratiques familiales de l'image

En 1996, 54 % des Français [1] pensaient déjà que les choses ne se passent pas réellement telles que la télévision les montre, alors qu'ils n'étaient que 39 % à être de cet avis un an auparavant. Il y

1. Sondage Sofres pour *Télérama* et *La Croix*, janvier 1996.

a fort à parier qu'ils seraient encore bien plus nombreux aujourd'hui à avoir ce regard critique. Des émissions comme *Les Guignols de l'info* ou *Le Bébête Show* les ont sensibilisés non seulement aux dessous de la politique, mais également aux jeux avec l'image. Si, au cours de l'une de ces parodies, un homme politique est présenté alternativement comme un pacifiste en public et un belliqueux en privé, ce n'est pas uniquement l'image de cet homme politique qui s'en trouve modifiée, c'est aussi la compréhension des champs et des sphères. Avec de telles émissions, les jeunes ont appris deux choses : à porter un regard différent sur le monde, et à intérioriser très tôt l'idée que tout, en termes d'image, est affaire d'adéquation entre les attentes d'un public et ce qu'on lui offre. Ils ont développé grâce à elles une plus grande aptitude à relativiser les signes de l'apparence, et ils ont fait sans doute plus tôt que leurs parents le deuil d'une personnalité qui soit « unifiée ». Leur souci d'authenticité n'est probablement ni plus grand ni moindre que celui de leurs aînés, mais il fonctionne différemment. Dans un monde de mise en spectacle et de marketing ludique tel que l'alimente la télévision, le jeu est de rigueur.

En outre, depuis une quinzaine d'années, beaucoup d'enfants occidentaux sont devenus la cible des assauts photographiques et cinématographiques de leurs parents. Ce mouvement a d'abord paru relever du désir légitime, de la part de ceux-ci, de garder une trace des moments importants du développement de leur enfant : les anniversaires, les vacances ou la première communion ont d'abord été l'objet privilégié de ces images. Mais, très vite, l'enfant a dû nourrir l'engouement de ses parents pour les nouvelles technologies de l'image. Cette tendance a d'abord été plus souvent le fait des pères que celui des mères. Ceux-ci sont en effet traditionnellement dans une relation plus distante avec leur enfant, et ils trouvent souvent dans la photographie une manière de justifier à la fois une proximité du regard et une mise à distance du toucher. Photographier sa progéniture sous toutes ses coutures permet ainsi à certains pères de ménager entre leur enfant et eux une distance dont ils restent toujours maîtres. Mais, aujourd'hui, ce ne sont plus seulement les pères qui multiplient les images familiales. Tout le monde s'y est mis, oncles, tantes, grands-parents... Ainsi s'accumulent les images de « bébé sur le pot », « bébé en train de sourire », « bébé en train de pleurer » ou même « bébé en train de bouder ». Toutes ces photographies sont loin d'être inspirées par le désir de fixer la beauté d'un moment... C'est même parfois ce que l'on estime être la laideur de l'enfant (notamment lorsqu'il pleure ou boude) qui est fixé sur la pellicule afin de pouvoir ensuite lui faire honte de son mauvais caractère ! L'intimité des enfants se trouve ainsi de plus en plus menacée par un nouveau rituel « éducatif » qui consiste à immortaliser tous ses faits et gestes sous prétexte de créer des documents pour l'avenir. Or un enfant a besoin non de parents qui le mettent à distance par appareil photographique ou Caméscope interposés, mais de parents qui soient proches de lui dans des expériences et des pratiques partagées.

Les webcams : de l'extimité au contrôle familial

Cette tendance des parents à privilégier l'image de leurs enfants sur les contacts réels avec eux risque malheureusement de connaître un développement supplémentaire avec la généralisation des caméras miniatures. Certains petits sont déjà filmés en permanence par des *webcams* dans les crèches où ils sont pris en charge [2]. Leurs parents ont accès, grâce à un numéro de code personnel,

2. Voir « Bébé sous l'œil du Net », *Le Monde*, 8 novembre 1998. La première crèche à avoir été ainsi équipée se trouve à Issy-les-Moulineaux (*L'Express,* 2 juin 2000 ; *Télérama*, 14 juin 2000).

à un site Internet sur lequel ils peuvent observer à son insu leur bambin... et, bien sûr, le personnel chargé de s'en occuper. On peut craindre que ces sites ne soient rapidement piratés par d'autres adultes que les parents, et également que les professionnels de l'enfance n'éprouvent quelques difficultés à travailler en se sentant épiés sans cesse !

Quant aux parents, installer des caméras dans les lieux de vie de leurs enfants correspond d'abord au désir – bien sûr inconscient ! – de différer le nécessaire travail de séparation. Celui-ci ne concerne en effet pas seulement l'enfant, mais aussi les parents, et le passage en crèche est la première étape sur ce long chemin. Il exige que ceux-ci acceptent de déléguer à des figures maternelles le pouvoir de rassurer l'enfant, tout comme ils devront accepter, plus tard, de déléguer le pouvoir de l'éduquer à des figures paternelles. Même si la majorité des enseignants de maternelle sont des femmes, les apprentissages sociaux qu'elles imposent aux bambins les éloignent en effet du corps à corps premier avec les parents. Qu'il s'agisse du passage en crèche ou en maternelle, l'enjeu est dans les deux cas, pour ceux-ci, d'accepter la réduction progressive de leur fonction parentale et également de considérer l'enfant comme un sujet à part entière, homme ou femme en devenir, dont les désirs et les aptitudes sociales avec les pairs se manifestent dès le plus jeune âge. C'est un droit que les lieux de vie collectifs garantissent actuellement.

Le risque est que le cordon ombilical virtuel établi *via* Internet entrave cette étape maturative que représente l'apprentissage en collectivité loin du regard des parents. Certains d'entre eux seront probablement ravis d'en faire l'économie. On peut imaginer les propos ambigus que l'enfant risque d'entendre lorsqu'il retrouvera ses parents le soir après la crèche : « Aujourd'hui je t'ai regardé ! Je t'ai vu, tu as fait ceci ou cela ! » Le danger est alors de renforcer chez l'enfant l'angoisse que son parent ait le don de le voir où qu'il soit. Le développement des nouvelles technologies s'accompagne parfois du spectre d'un totalitarisme centralisé. Ce risque existe bien, notamment dans les multiples procédures de contrôle et de codification mises en place dans le secteur sanitaire. Mais on découvre avec les *webcams* qu'il faut redouter aussi les totalitarismes familiaux multiples et éclatés ! Tous les enfants ont aujourd'hui la possibilité d'échapper à leur milieu familial le temps de leur intégration en collectivité, qu'il s'agisse de la crèche, de l'école ou des clubs de sport. Ils gagnent à être confrontés à d'autres regards sur eux que ceux de leurs parents, et donc à un autre point de vue sur leurs activités et leurs potentialités. Tous les spécialistes travaillant avec des enfants savent combien il est important de respecter l'hétérogénéité des apprentissages : certaines acquisitions sont d'abord faites à la maison tandis que d'autres le sont en collectivité. Il est essentiel de ne pas pousser l'enfant à se développer forcément au même rythme, ni de la même manière, dans ces deux lieux. À travers cette hétérogénéité, qui concerne d'ailleurs moins ses apprentissages que la manière dont il les traduit et les manifeste, c'est la découverte de sa liberté que fait l'enfant. Car la famille n'est pas seulement un havre de tolérance, de soutien et de réconfort, mais aussi un piège qui risque à tout moment d'enfermer l'enfant dans les fantasmes de son père, de sa mère, voire de ses grands-parents.

Enfin, l'installation de *webcams* dans les crèches comporte un risque pour la démocratie. On sait que l'enfant à qui ses parents mentent est préparé à devenir un adulte qui accepte comme allant de soi les mensonges de ses chefs de bureau ou de ses députés. De la même façon, l'enfant qui aura été habitué à être surveillé par web-cam interposée sera préparé par ce geste « innocent » à devenir un adulte qui accepte comme allant de soi que ses chefs de bureau ou ses députés lui imposent de travailler en étant filmé en permanence. En outre, les parents qui auront habitué leurs enfants et se seront eux-mêmes habitués à cette situation en crèche n'y renonceront peut-être pas facilement lorsque leur rejeton passera en maternelle, ou même plus tard au collège, qui sait ? Si la loi Guizot du 28 juin 1833 a tenté de garantir l'indépendance des écoles par rapport aux autorités locales, il est essentiel, au XXIe siècle, de la garantir également par rapport à l'autorité familiale. Cette séparation existe bien entendu déjà sur le plan géographique et temporel, puisque ce n'est pas dans les mêmes lieux et dans les mêmes moments que l'enfant fréquente ses parents et ses enseignants. Mais cette séparation est constamment menacée par le désir des parents de contrôler ce qui se fait dans l'école. Le plus grand ennemi de l'école, ce pourrait bien être les parents d'élèves qui n'acceptent pas que leur enfant prenne de la distance par rapport à eux et à leurs valeurs ! Ce désir, si légitime soit-il, peut avoir des conséquences catastrophiques, tant du point de vue de l'accession des enfants à l'autonomie que de l'avenir de la démocratie. C'est pourquoi il est essentiel que la famille et l'école restent deux domaines absolument distincts. En 1998, la question du « foulard islamique » a révélé le désir de certains parents intégristes d'imposer leurs choix personnels à leurs enfants jusque dans l'école laïque, mais elle ne doit pas nous faire oublier que ce désir est celui de beaucoup de parents.

L'indispensable travail de séparation des parents

Jusqu'à ces vingt dernières années, les enfants naissaient souvent sans avoir été désirés par leurs parents. Puis le développement de la contraception, dans les années 1980, a permis aux couples de planifier les naissances. Aujourd'hui, dans la majorité des cas, les enfants sont désirés et leur naissance est programmée, parfois même de façon excessive ! L'enfant dont la naissance est planifiée longtemps à l'avance est en effet souvent appelé par ses parents (ou par son parent isolé) à combler un manque narcissique. Tout bébé joue facilement ce rôle dans les premiers mois de sa vie, par l'extrême dépendance dans laquelle il est vis-à-vis de l'adulte qui s'occupe de lui. Pour cet adulte, le moment où il devra confier son enfant à d'autres sera toujours vécu de manière déchirante. C'est pourquoi beaucoup de parents ont tendance à désirer que les établissements collectifs qui s'occupent de leurs enfants soient régis par les mêmes règles que celles qu'ils ont établies dans leur famille. Mais ce désir est rarement aussi important que lorsque l'enfant a été appelé à combler une faille ou un vide personnels. Les parents qui ont réclamé l'installation de *webcams* dans les crèches ont probablement cédé au vertige de vouloir retarder le moment nécessaire de la séparation. Le problème est qu'ils vont ainsi considérablement compliquer le travail psychique correspondant pour leur enfant. Le moment où un bambin découvre que ce qu'il fait et dit en l'absence de ses parents ne peut pas être connu par eux est en effet extrêmement important pour lui. Si un parent accueille le soir son enfant en lui disant qu'il l'a vu pendant la journée jouer avec tel camarade ou tel jouet, comment celui-ci parviendra-t-il à opérer le nécessaire détachement psychique d'avec son parent ? Dans une telle situation, le parent n'est plus seulement l'adulte tutélaire sur lequel l'enfant prend appui, mais véritablement un dieu omniscient qui voit et sait tout. Il est à redouter que les *webcams* installées dans les crèches ne gênent un certain nombre d'enfants dans l'acquisition de cette fonction structurante qu'est la séparation.

Enfin, le phénomène des *webcams* risque de ne pas concerner seulement l'organisation des lieux de vie collectifs. Peut-être certains parents en installeront-ils un jour dans la chambre de leur enfant et, pourquoi pas, dans la salle de bains ? Au nom de quelle loi les en empêcherait-on ?

Quelques personnes ont déjà mis en place des caméras chez elles pour diffuser en permanence leur propre image sur Internet, et certains hommes pervers ont également imposé ce système à leur épouse. L'installation d'un circuit vidéo fermé dans un appartement procède-t-elle d'une pratique privée, ou bien le législateur a-t-il le droit d'intervenir, notamment au nom du droit des enfants ? Faut-il considérer qu'une telle installation concerne les seuls choix éducatifs et philosophiques des parents, ou bien que les enfants sont mis en danger par de telles pratiques et qu'ils doivent en être protégés ? Toutes ces questions, aujourd'hui, ne relèvent plus de la science-fiction, et c'est aussi dans ce contexte qu'il faut tenter de comprendre le régime particulier de voyeurisme mis en place par *Loft Story*.

Un voyeurisme généralisé

Loft Story a d'abord été violemment dénoncée comme un spectacle « voyeuriste », mais ce procès a rapidement été abandonné tant cette émission s'est révélée finalement beaucoup plus réservée que les pornos les plus *soft* de M6. Faut-il pour autant renoncer à ce terme ? Le mot « voyeurisme », qui a été au centre de cette polémique, demande quelques précisions. Défini comme une perversion sexuelle, il concerne le plaisir pris à regarder des gens, connus ou inconnus de soi, dans leurs activités intimes, sexuelles ou défécatoires. L'instrument du voyeurisme est le trou de serrure de la chambre à coucher ou l'orifice percé dans la porte des toilettes, et le voyeur est traditionnellement un homme.

Or, *Loft Story* n'a pas correspondu à ce modèle pour deux raisons. La première est que la consigne explicite donnée aux quinze réalisateurs de l'émission a été de ne rien diffuser « qui porte atteinte aux bonnes mœurs », autrement dit ni actes violents, ni propos racistes, ni surtout scènes érotiques ou pornographiques. L'ingrédient principal de la jouissance du voyeur, le sexe nu, en a donc été absent. La seconde raison est que l'émission s'adressait autant aux femmes qu'aux hommes. En fait, le voyeurisme de *Loft Story* trouvait son modèle ailleurs que dans l'attitude du pervers « matant » à travers le trou de serrure la mise en action des organes génitaux. Il correspondait plutôt au désir archaïque – c'est-à-dire trouvant son origine dans la toute petite enfance de chacun – d'une fusion visuelle permanente et d'un contrôle omnipotent. En d'autres termes, ce voyeurisme-là trouvait son modèle dans le comportement des bébés qui s'angoissent de perdre leur maman s'ils ne la voient plus… et aussi des adultes qui exigent que la porte de la chambre de leur enfant reste toujours ouverte, qui s'accordent le droit d'y entrer à tout moment sans prévenir et d'examiner en son absence le contenu de son courrier, de ses tiroirs et même de son journal intime. Ce voyeurisme-là, à la différence du voyeurisme sexuel, se prévaut d'intentions pures : il s'agit de protéger l'enfant contre le risque de lectures dangereuses ou de mauvaises fréquentations. Pourtant, au-delà du noble dessein affiché, lorsqu'il est possible de parler avec ces parents, on s'aperçoit toujours que l'intrusion est aussi pour eux une source de plaisir dont le moteur est la maîtrise de ce prolongement d'eux-mêmes qu'est leur progéniture.

Dans *Loft Story*, ce type de voyeurisme a été mis à l'honneur. D'ailleurs, les parents étaient omniprésents sur le plateau dès le premier jour, et constamment invités à montrer qu'ils savaient tout de leurs petits ! Au présentateur qui demandait aux mères laquelle des demoiselles participant à l'aventure risquait de susciter des sentiments amoureux chez leur fils, elles répondaient chacune sans hésiter en nommant l'une ou l'autre. S'il est dans les attributions de l'animateur d'une telle émission de poser ce type de questions, ce n'est certainement pas dans celles d'une mère d'y répondre ! Ces femmes parlaient de leurs fils, âgés de vingt à trente ans, comme d'enfants de treize ans ! Bien sûr, ces mères étaient piégées et pensaient sans doute qu'elles devaient absolument répondre aux questions de Benjamin Castaldi pour ne pas compliquer la situation de leur rejeton dans l'émission. Il n'empêche que toutes parlaient de leurs enfants majeurs comme si elles pouvaient tout prévoir d'eux. Quant aux participants, le présentateur les prévenait : « Attention ! Vos parents vont vous regarder ! » Ainsi le voyeurisme du spectateur était-il encouragé à emboîter le pas à celui des parents, et notamment à celui des mères, puisque la majorité des participants à ce jeu se sont révélés avoir été élevés par leur génitrice seule. Ce voyeurisme était donc dès le départ placé sous le signe de l'intimité du cœur, bien plus que du spectacle sexuel : « Ils ne pourront rien nous cacher de leurs affections, de leurs émois, de leurs haines. » On rejoint là exactement la menace que tant de parents font planer sur leur jeune enfant : « Tu ne peux rien me cacher », « Je sais par mon petit doigt tout ce que tu penses ou éprouves », « Je te vois partout » ! *Loft Story* n'a évidemment pas créé cette situation, mais le risque est que de semblables émissions la banalisent. Heureusement, son influence pernicieuse risque d'être moins importante qu'on ne pourrait le redouter du fait que certains repères de l'identité sont parallèlement en train de changer.

Vers la fin de l'identité comme image visuelle ?

La question de l'identité est inséparable de l'image de soi, et celle-ci est profondément liée, pour chacun d'entre nous, aux miroirs et à la photographie. On peut en effet, dans le rapport à l'image de soi, distinguer trois moments successifs en relation avec l'évolution technologique.

Tout d'abord, pendant des siècles, les miroirs de bronze ou d'argent poli n'ont donné à celui qui s'y regardait qu'une image très approximative de lui-même. L'identité était alors perçue davantage dans le regard des autres sur soi que sur ces miroirs très imparfaits. Mais, en guettant son identité dans le regard des autres, chaque individu donnait à ces derniers un rôle considérable dans la constitution de l'image de soi, d'où il résultait une très grande dépendance de chacun à son groupe [3].

Puis, avec le développement des miroirs d'argent mis au point par les verriers de Murano au XVIe siècle, une nouvelle période débuta. Chacun acquit la possibilité de construire une représentation de lui-même indépendante de ce que son entourage lui renvoyait. La contrepartie en fut

3. Nous retrouvons ici une caractéristique de ce que les ethnologues ont appelé les « sociétés de la honte », par opposition aux « sociétés de la culpabilité ».

l'aliénation progressive de l'individu à celle-ci. Au début, l'Église se méfiait des miroirs et menaçait même les femmes qui s'y regardaient d'y voir... les fesses du diable ! Ces inquiétudes nous semblent aujourd'hui ridicules, bien qu'elles aient été inspirées par une compréhension juste des enjeux du miroir. En effet, plus quelqu'un est dépendant vis-à-vis de son miroir dans la constitution de l'image de soi, et moins il l'est vis-à-vis de son groupe d'appartenance. Le narcissisme constitué dans la relation de soi à soi face au miroir prend ainsi progressivement la place du narcissisme constitué dans la relation à l'autre. Chaque individu devient, grâce à son miroir, moins dépendant de l'organisation sociale et des attentes du groupe vis-à-vis de lui. Bref, il s'émancipe ! D'ailleurs, les civilisations qui encouragent l'individualité encouragent le miroir, alors qu'au contraire celles qui la minimisent s'en méfient et utilisent les surfaces réfléchissantes d'une autre manière, par exemple en intégrant des fragments de miroirs dans le vêtement et l'architecture, comme en Inde et au Maghreb [4].

Ainsi, depuis la Renaissance et le développement des miroirs qui l'a accompagnée, nous avons

---

4. Patrice Hughes, *Le Langage du tissu*, Colombes, Textile/Art/Langage, 1982.

pris l'habitude de lier notre identité à notre apparence. Il nous semble être tels que nous nous voyons, et que les autres, eux aussi, sont tels que nous les voyons. C'est d'ailleurs sur cette illusion que se développent les mythologies des acteurs, et celles... des hommes politiques. Ceux-ci parviennent à faire croire aux téléspectateurs qu'ils sont sincères en donnant à voir les signes appris de la sincérité...

Dès son invention, la photographie est allée dans le même sens. Elle semblait, comme l'écrivait joliment Nadar au début du XXe siècle, réaliser le rêve de pouvoir arrêter le reflet du miroir. On a très vite confondu ce pouvoir avec celui d'enfermer dans l'image une sorte d'essence du modèle. Ce mythe a fonctionné tant que les images de chacun étaient en nombre limité, c'est-à-dire à peu près pendant un demi-siècle. Pour les plus pauvres, ces images se réduisaient souvent à une seule, celle que le photographe du village avait prise d'eux le jour de leur mariage. Sur ces rares images, chacun était tenté de trouver un reflet de sa stabilité. Le miroir donnait chaque jour une image différente de soi mais, à côté de lui, sur la table de nuit ou le buffet de la cuisine, une photographie était destinée à attester que, dans le fond, nous-mêmes ou ceux que nous aimions ne changeaient pas tant que ça... Chacun savait trouver dans les images qui l'entouraient de quoi nourrir cette illusion. Malgré les rides, malgré l'inévitable froissement du temps, la forme du nez, le regard ou l'expression d'un sourire témoignaient que notre apparence était bien dépositaire d'une « identité profonde ». Le paysan le plus illettré partageait avec Alphonse Bertillon, créateur du premier laboratoire d'anthropométrie, l'illusion d'un « invariant » que la photographie aurait eu le privilège de « fixer », comme si elle était une sorte de révélateur de l'identité profonde.

C'est ce paysage, à la fois technique, social et psychique, qui est actuellement totalement bouleversé par la multiplication des représentations de soi. Leur nombre sans cesse croissant fait que l'identité ne s'attache plus précisément à aucune. Rares, les images emprisonnaient l'apparence ; nombreuses, elles libèrent au contraire l'image de la référence au reflet visuel. Et cet affranchissement signe aussi les retrouvailles de l'identité avec les repères non visuels qui en avaient toujours fait partie, mais que le développement des miroirs, puis de la photographie, avait relégués au second plan. La représentation de soi s'édifie en effet au carrefour d'expériences qui concernent à la fois la vue, le sens tactile – à travers les terminaisons sensibles présentes dans la peau –, la sensorialité profonde – notamment liée aux muscles et aux viscères – et enfin les organes de l'équilibre. Ces soubassements ne correspondent pas à ce que le mot « image » désigne habituellement, puisqu'ils ne sont pas visuels [5]. Ils sont pourtant fondamentaux et appelés à être mis en valeur sur le plan conscient après être restés longtemps à l'écart du discours culturel. À tel point que la perception subjective de la durée et des rythmes biologiques pourrait bien, à terme, remplacer la représentation visuelle de soi comme repère majeur de l'identité. Nous vivons, de ce point de vue, un bouleversement identique à celui de l'invention des miroirs plans, mais en sens contraire. L'identité s'arrache aujourd'hui à l'apparence après avoir été confondue provisoirement avec elle. Après avoir été guettée dans le regard

5. C'est à Schilder que l'on doit la première approche de ce que l'on appelle maintenant couramment l'« image du corps » (*L'Image du corps*, Paris, Gallimard, 1950). Cette *image* est particulière à chacun et elle est donc distincte du *schéma corporel* qui, lui, concerne le corps fonctionnel et qui est donc identique pour chacun. Gisela Pankow a distingué, dès 1956, deux fonctions distinctes de cette image : en tant que forme (on dirait aujourd'hui « contenant ») et en tant que contenu et sens (*L'Être-là du schizophrène*, Paris, Aubier-Montaigne, 1981). Quant à Françoise Dolto, elle a insisté sur la manière dont elle est liée à la fois aux désirs et au langage (*L'Image inconsciente du corps*, Paris, Le Seuil, 1984).

d'autrui, puis à la surface des miroirs et des photographies, la représentation de soi s'organisera de plus en plus autour de repères non visuels.

L'homme-enfant

La liberté croissante qu'ont les jeunes aujourd'hui de faire la différence entre l'apparence et l'identité leur donne notamment une aptitude plus grande à jouer avec les objets attachés traditionnellement à certains moments de la vie. L'une des manifestations de ce changement a été l'importance des peluches dans *Loft Story*. Que des adultes aient des « doudous » qui les rassurent, cela n'est pas nouveau, mais cela se faisait jusqu'ici d'une manière qui ne se remarquait pas : l'objet privilégié était souvent réduit à la taille d'un porte-clés qu'on pouvait facilement glisser dans sa poche, ou, à défaut, il était conservé dans une pièce privée de la maison, notamment la chambre à coucher. Au contraire, dans le Loft, tous les participants, ou presque, avaient des peluches, et la plus célèbre d'entre elles appartenait même à un garçon, Steevy. Que n'a-t-on pas dit sur ces peluches ? Certains ont d'abord suspecté M6 d'avoir volontairement sélectionné des « immatures ». Puis, comme ce diagnostic ne semblait pas se confirmer, on imagina que les organisateurs de l'émission avaient imposé aux participants de venir avec une peluche ! Cette demande aurait eu deux buts : multiplier les mises en scène en ajoutant aux contacts entre les humains ceux que chacun pouvait établir avec son « doudou » ; et favoriser un scénario dans lequel les lofteurs seraient passés progressivement de l'état d'enfants attardés, chacun isolé avec sa peluche, à celui d'adultes capables de s'organiser en couples. Quoi qu'il en soit, les peluches sont vite apparues, pour ceux auxquels l'émission donnait des boutons, comme le signe d'une immaturité chronique. On pourrait à la fois embrasser sa peluche, faire l'amour et, pourquoi pas, sucer un biberon ? Une telle personnalité, à coup sûr, ne peut exister dans la pensée psychanalytique classique, ou alors il s'agit d'une personnalité « morcelée ». Et si ce « morcellement », aujourd'hui, était la règle ? Il faudrait alors commencer par ne plus le nommer ainsi, et reconnaître le caractère fondamentalement multiple de l'identité.

L'une des participantes nous indique peut-être la voie quand elle déclare à propos de l'un des garçons : « C'est l'homme-enfant. Il peut être bébé et très mûr à la fois. » Aucune acrimonie dans cette affirmation, un simple constat. Tel pourrait bien être finalement le seul résultat sensible de ce que certains moralistes ont appelé le

« syndrome d'imprégnation télévisuelle ». À force de consommer des mises en scène, les jeunes pourraient bien en prendre le goût. « Mise en scène, tout est mise en scène. » Un livre célèbre de sociologie des années 1960 ne s'appelait-il pas déjà *La Mise en scène de la vie quotidienne* [6] ? Oui, tout est mise en scène, ou, si l'on préfère, tout est choix de repères. « Dis-moi quels repères tu me donnes, et je te montrerai comment je m'y place. » Cette fluidité intérieure donne évidemment à ceux qui la pratiquent une liberté considérable, non seulement par rapport aux rôles sociaux, mais aussi par rapport aux repères d'âge. Pourquoi faudrait-il téter le cigare plutôt que le biberon et boire de la bière plutôt que du lait ? Pour paraître grand ? Mais pourquoi le ferais-je si ceux qui m'entourent acceptent que je sois, selon les moments, bébé, adolescent ou adulte ? Ce phénomène n'est pas nouveau, mais il était jusque-là cantonné à la sphère privée, voire intime. Un tel qui surveillait en public le caractère « adulte » de ses conduites s'abandonnait, en privé, à des régressions infantiles. Mais l'« honneur » était sauf !

Ainsi, sous l'effet de la généralisation de la pho-

6. Erving Goffman, *La Mise en scène de la vie quotidienne*, Paris, Éditions de Minuit, 1973.

tographie familiale et des nouvelles technologies, les jeunes rattachent beaucoup moins leur intimité et leur identité à la représentation visuelle d'eux-mêmes. Ils ont appris très tôt à en jouer, à tel point que les participants de *Loft Story* ne se sentaient guère menacés par l'omniprésence des caméras. Leurs parents, eux, auraient sans doute préféré pouvoir faire leur toilette, se maquiller ou se raser loin des regards indiscrets ! Quant à leurs grands-parents, ils n'auraient accepté d'être photographiés qu'avec leur robe du dimanche ! Les habitants du Loft appartiennent à une génération qui pourrait dire : « Tu tiens peut-être mon image, mais tu ne tiens rien de moi. » Ils l'abandonnent à qui la prend et ce geste ne ruine pas le sentiment de leur identité. La culture des images, aujourd'hui, chez les jeunes, ne correspond plus à la recherche de ce qui serait un reflet de l'« identité profonde », mais à une exploration des multiples facettes de soi.

Cette attitude n'est pas forcément contradictoire avec le fait de vérifier et de rectifier son apparence. Ne ressentir aucune aliénation particulière vis-à-vis de celui qui capture en permanence notre image ne veut pas dire que nous soyons indifférents à celles que nous lui donnons. La première de ces attitudes concerne les pouvoirs d'emprise qu'on peut supposer aux images, et la seconde la facette de soi qu'on souhaite, à un moment précis, imposer à l'autre. L'une engage l'illusion que voir, c'est comprendre – celui qui me voit en permanence pourrait donc me percer totalement à jour et établir un pouvoir sur moi – alors que l'autre relève de la séduction.

De l'héroïsme mythologique aux héros de la banalité

Les héros changent. Dans les années 1950, ils étaient toujours certains de leur bon droit et défendaient sans états d'âme les valeurs du régime politique qui les abritait. Ces héros à l'abri du doute et plus encore du remords n'étaient pas pour autant immortels. Si leurs aventures captivaient le public, c'est parce qu'ils étaient soumis aux mêmes conditions de vie et de mort que lui. En outre, celui-ci se reconnaissait d'autant mieux en eux que, le plus souvent, ces héros juxtaposaient deux existences, l'une ordinaire et quotidienne, comme la sienne, et l'autre extraordinaire dans le cadre de leur mission. C'était le cas de Superman qui, aussitôt débarrassé de son uniforme de redresseur de torts, vaquait à de modestes tâches d'employé de bureau [1], et aussi,

1. Umberto Eco, *De Superman au surhomme*, Paris, Grasset, 1993.

bien sûr, celui du héros de western, tireur invincible qui n'aspirait qu'à une vie tranquille de fermier ou d'éleveur de bétail. Dans les années 1980, et notamment sous l'effet de la guerre du Vietnam, les héros ont découvert le doute, l'hésitation et l'ambivalence. Ils ont vieilli, sont devenus malades, les causes qu'on leur a demandé de défendre leur sont apparues de plus en plus douteuses et, pour finir, ils se sont vus de plus en plus souvent confrontés à leur propre part d'ombre [2]. Les figures de l'héroïsme se sont alors déplacées vers les domaines scientifique et humanitaire. Or, à en croire une étude récente, la figure du héros serait encore en train d'évoluer [3]. Le héros actuel n'est plus seulement doté d'une identité à la fois humaine et exceptionnelle, il ne connaît plus seulement les déchirements d'une conscience tragique, il est également devenu... invisible ! 17 % des jeunes interrogés déclarent en effet adopter pour héros des personnages anonymes. Il est pro-

2. Ces héros sont ceux des derniers films de John Ford, et aussi de la bande dessinée intitulée *The Watchers* dans laquelle les super-héros traditionnels de la fiction américaine sont confrontés à leurs doutes et à leurs faiblesses.

3. Anne Muxel, « Les héros des jeunes Français : vers un humanisme politique réconciliateur », *in* Pierre Centlivres, Daniel Fabre *et al.*, *La Fabrique des héros*, Paris, Maison des sciences de l'homme, 1998.

bable que ce nouveau modèle de héros a été largement encouragé par des émissions télévisées du type *Téléthon*, qui mettent en scène des combats valeureux contre la maladie tout en proposant aux téléspectateurs de devenir à leur tour des « héros »... en soutenant financièrement la lutte des « combattants ». Ce nouvel héroïsme ne serait finalement qu'une « banalité du bien » – pour inverser la célèbre formule de Hannah Arendt sur la « banalité du mal » – s'il ne s'y ajoutait une marque élevée de distinction. Car le héros « banal » est tout de même un héros, mais une sorte de héros de proximité dont les caractéristiques sont totalement différentes de celles des héros traditionnels.

La fin du héros traditionnel

Nos sociétés de temps de paix ne connaissent plus ni l'exaltation du martyre ni celle du sacrifice. Les héros traditionnels qui accomplissaient exemplairement l'idéal d'une religion ou d'un parti politique n'ont plus cours. En fait, ce changement des héros est d'abord un changement des attentes à leur égard. La relation qu'un spectateur traditionnel entretenait avec ses héros supposait trois ingrédients : tout d'abord, un degré de frustration suffisant dans sa propre vie pour avoir le désir d'en changer radicalement et de se retrouver dans la peau du héros ; ensuite, un modèle dont les caractéristiques étaient toujours précisément définies ; enfin, un mode d'emploi qui indiquait le chemin à suivre pour devenir héroïque, que ce soit en rêve ou en réalité.

Le premier de ces ingrédients, à savoir la frustration, correspond à la perception douloureuse d'un manque : on ne se sent pas « à la hauteur ». Quand on est à la fois bien dans sa peau et intégré dans son groupe, on ne rêve pas d'être un héros, ou alors c'est que le collectif y pousse. En temps de guerre, notamment, la pression sociale peut induire des identifications héroïques chez des sujets dont la préoccupation principale est d'abord de préserver leurs liens affectifs et relationnels, mais qui pensent n'y parvenir qu'à ce prix.

La seconde caractéristique du héros, qui consiste dans un modèle possédant certaines qualités précisément définies, domine la pensée occidentale depuis la tradition gréco-latine. Freud y a apporté une contribution importante en invitant à distinguer deux sources psychiques possibles du héros, le moi idéal et l'idéal du moi. Les héros qui se trouvent du côté du moi idéal ne sont guère réalistes, mais ils sont toujours exaltants. Selon les époques, ils volent de victoire en victoire, de planète en planète ou de monde en monde. Peter

Pan est le modèle de ces héros héritiers de la toute-puissance qui berce les rêveries de l'enfance. Au contraire, les héros qui se rattachent à la figure de l'idéal du moi sont très différents. Ils sont des doubles non de la toute-puissance infantile, mais d'une figure parentale idéalisée, et précisément souvent du père. Tout le monde a en mémoire ce vers de Victor Hugo : « Mon père, ce héros au sourire si doux. » Le père œdipien a tout pour être un héros : il détourne l'enfant de la mère dont il a la prérogative d'être le seul à pouvoir jouir, et il introduit en même temps l'enfant dans la sphère des apprentissages sociaux. À la différence du précédent, ce héros-là se met donc au service d'idéaux et de valeurs qui le dépassent et c'est ce qui lui donne son caractère civilisateur : il est volontiers chercheur ou explorateur, et il a longtemps été conquérant [4]...

Enfin, le mode d'emploi du héros réside dans ce que l'individu imagine devoir transformer de

---

4. Le moi idéal est un modèle que l'enfant qui grandit va chercher derrière lui, dans la réminiscence nostalgique de la toute-puissance à laquelle il ne peut plus croire : au moment où il découvre ses limites, il rêve de ne plus en avoir. Au contraire, l'idéal du moi est construit par l'enfant devant lui : il se projette dans une figure identificatoire dont il attend qu'elle lui donne, à défaut de la toute-puissance perdue, une puissance relative à conquérir, provisoirement identifiée à la puissance du père.

lui-même pour lui ressembler. Aux deux types héroïques distingués par Freud correspondent bien entendu deux modes d'emploi bien différents. La rêverie et l'imagination libérée des contraintes de la réalité président aux identifications au moi idéal. En revanche, le modèle intériorisé en place d'idéal du moi mobilise des apprentissages dans la réalité pour pouvoir s'en rapprocher. Dans le premier des cas, on s'imagine dans ses rêves être ce héros déjà accompli, tandis que, dans le second, on travaille à le devenir « pour de vrai ».

Le choix d'un héros est ainsi inséparable d'un projet sur l'avenir. On peut bien entendu admirer un héros du passé, mais c'est parce qu'on le prend comme un modèle plausible pour son propre futur. La relation au héros est en cela toujours placée sous le signe d'un devenir différent. C'est d'ailleurs sans doute la raison pour laquelle les filles ont moins besoin de héros – et aussi de rituels initiatiques encadrés par des bandes – que les garçons. C'est parce qu'elles connaissent toutes une forme d'initiation particulière par le biais de leurs premières règles qui marquent leur passage de l'état de fillette à celui de femme. L'adolescente qui devient pubère quitte définitivement le monde de l'enfance en acquérant la possibilité d'enfanter à son tour. Alors que les garçons ne savent jamais très bien si leur passage à l'âge adulte est consommé ou pas (ce qui leur donne notamment souvent le sentiment d'être des usurpateurs...), l'adolescente qui « a ses règles » sait qu'elle est passée du côté de l'âge adulte. Les garçons connaissent bien entendu le « premier sperme » tout comme les filles le « premier sang », mais cet événement reste secret et il ne fait l'objet d'aucune complicité et d'aucun rituel semblable à celui que représente, par exemple, l'achat de serviettes périodiques. D'ailleurs, ce n'est pas un hasard si Buffy, une des rares héroïnes télé pour adolescentes [5], entretient un rapport privilégié avec ses règles, ou plus précisément avec les douleurs qui les accompagnent. La charmante Buffy se transforme en effet la nuit en une redoutable exterminatrice de vampires, et ce sont des douleurs en tout point semblables à celles de ses règles qui lui signalent la présence proche des créatures des ténèbres...

Le projet d'avenir exalté par le héros est, selon les cas, tourné plutôt vers l'épanouissement personnel ou vers les idéaux du groupe, ce second modèle étant d'autant plus fréquent que le groupe dans son ensemble est plus malmené. Toutes les guerres engendrent ainsi des héros chargés

5. Incarnée par l'actrice américaine Sarah Michelle Gellar.

d'exalter le narcissisme blessé d'un peuple ou d'une personne. Mais, même en temps de paix, certains héros permettent à des personnes humiliées de projeter leur narcissisme dans un destin glorieux afin d'échapper à leurs souffrances quotidiennes. Dans tous les cas, le chemin à suivre pour devenir un héros est clair, même si les candidats peuvent en être provisoirement détournés par la faiblesse ou la maladie.

Or tout différent semble être le modèle du héros d'aujourd'hui. Il cesse d'essayer d'appliquer un modèle préétabli, qu'il y croie absolument ou qu'il commence à en douter, pour s'investir dans la nécessité d'inventer le sien, sans mode d'emploi préexistant. Mais avant d'envisager cet aspect, il nous faut évoquer le processus de l'héroïsation, car il ne suffit pas d'être héroïque pour être héroïsé…

La fabrication des héros

« Avoir un comportement héroïque » et « être un héros » sont deux choses bien différentes. Beaucoup de personnes font preuve d'héroïsme dans leur vie quotidienne face aux difficultés qu'elles rencontrent, et leur nombre augmente considérablement dans les situations troublées, notamment en temps de guerre ou de catastrophe. Mais voilà, il ne suffit pas d'être héroïque pour devenir un héros. Ce qui fait la différence entre les deux, c'est le *processus de l'héroïsation*.

Celui qui a un comportement héroïque peut connaître le doute et l'angoisse, mais la fabrication du héros exige d'effacer de sa personnalité cet aspect « trop humain [6] ». Les monuments, notamment, sont destinés à effacer la fragile humanité des combattants pour mieux exalter leur idéal et encourager la communion du groupe dans leur culte partagé [7]. En fait, le héros n'est jamais un être réel de chair et de sang. C'est toujours une « image » qu'une personne ou un groupe veulent se donner. Entendons par là que, dans le héros, ce n'est pas sa réalité qui importe, mais ce qui en est fabriqué et communiqué. Dans certaines circonstances, un événement peu glorieux, voire honteux, peut même être maquillé de manière à contribuer à la fabrication d'un héros. Certains vétérans du Vietnam ont ainsi raconté comment des massacres inutiles étaient devenus, par la grâce de la volonté militaire, des actes

6. De nombreux films de guerre ont montré la différence existant entre le comportement du soldat et l'héroïsation *a posteriori* qui peut en être faite pour des raisons politiques.

7. Voir à ce sujet « Un objet commémoratif, le monument », *in* Serge Tisseron, *Comment l'esprit vient aux objets*, Paris, Aubier, 1999.

d'héroïsme valant à leurs exécutants galons et citations... pour acheter leur silence.

Les héros de fiction obéissent au même principe : sans intervention extérieure destinée à « héroïser », point de héros ! Tintin, par exemple, ne devint véritablement célèbre que lorsque l'abbé Wallez, responsable du journal où paraissaient ses aventures, décida de relayer sa propre presse par un événement qui pourrait être photographié et filmé. Il orchestra un faux retour de Tintin du « pays des soviets », le jeune reporter étant joué par un garçon descendant du train à la gare de Bruxelles comme s'il revenait d'un long voyage. Ce triomphe médiatique, dont l'ensemble de la presse se fit l'écho, contribua à lancer définitivement la série.

Au XVIIe et au XVIIIe siècle, le signe de l'héroïsation était le « drapé à l'antique ». Non pas que les héros antiques aient été drapés ! Ils étaient nus, non seulement chez les anciens Grecs et Romains, mais même dans les premiers siècles chrétiens... jusqu'à ce que l'Église ne le supporte plus. La redécouverte de l'Antiquité, à une période où le pouvoir de l'Église était considérable encouragea donc à imaginer le « nu à l'antique », le héros n'étant vêtu que d'une étoffe lui cachant les parties génitales. Voltaire lui-même n'y échappa point, qu'une statue tenta d'immortaliser ainsi [8] !

Aujourd'hui, le processus d'héroïsation est bien différent. Il passe d'abord par la multiplicité des supports : Lara Croft saute de l'univers du jeu vidéo à celui du cinéma ; les Pokémons ont d'abord existé sur console de jeu avant de devenir une série télévisée et un jeu de cartes à jouer ; Harry Potter passe du roman au grand écran et bientôt au jeu sur ordinateur ; Hélène, l'héroïne de la série télévisée *Hélène et les garçons,* doit son succès au fait d'avoir été relayé par la presse *people* ; et les héros de *Loft Story* ont leur journal et leur jeu de société avant de devenir peut-être, un jour, les personnages d'un Loft virtuel. Autrement dit, pour exister, le héros contemporain doit s'exposer à la fois sur CD, DVD, grand écran et papier. À la limite, une star numérique comme Ève Solal parle à la radio à travers la voix d'une comédienne et étale sa vie privée virtuelle dans les journaux alors que c'est très officiellement un personnage qui n'existe pas. Ce n'est un paradoxe qu'en apparence. Si vous n'existez nulle part, comme Ève Solal, la seule manière d'exister, c'est d'être partout. Mais les inventeurs de Dieu avaient déjà imaginé le truc !

8. Jean-Claude Bologne, *Histoire de la pudeur, op. cit.*

Le fait que le héros doive exister sur plusieurs supports narratifs rejoint en fait la spécificité de ces supports pour la vie psychique : l'image fixe renvoie à l'identification à une apparence, alors que l'image mobile – ou le récit écrit – renvoie à la durée, donc à une histoire et à un destin [9]. Cette complémentarité est essentielle, aussi bien dans le succès de Harry Potter et des Pokémons que dans celui de *Loft Story*.

Le parcours du héros : la quête initiatique

Les anciens héros grecs effectuaient volontiers un parcours initiatique. Le plus ancien d'entre eux est évidemment Ulysse, dont le chemin est semé d'embûches, et le plus célèbre Hercule, qui dut accomplir ses « douze travaux ». Les contes de fées ont eux aussi mis en scène des trajets initiatiques, et les vieilles légendes européennes – notamment celles qui ont trait au roi Arthur et à la quête du Graal – avaient fait de même bien avant. Bref, la quête initiatique est inséparable d'une certaine forme de récit qu'on pourrait dire « dramatique », par opposition au récit « mythologique » qui, lui, partage clairement le monde

9. On peut consulter à ce sujet « Images fixes et images animées », *in* Serge Tisseron, *Petites Mythologies d'aujourd'hui*, Paris, Aubier, 2000.

entre les bons et les méchants, et laisse peu de place à l'hésitation, au doute et à l'apprentissage. Pour nous en tenir à un exemple récent, l'histoire du western a bien montré, en quelques dizaines d'années, le passage du récit mythologique au récit dramatique. Dans les années 1930, ce genre cinématographique mettait en effet en scène un monde parfait dans lequel l'homme vivait en harmonie avec la nature, ses semblables et les animaux. Venait alors un « méchant » qui perturbait ce bel ordonnancement, et le héros était celui qui, de la simple pression de son index sur la gâchette [10], le faisait promptement disparaître du paysage afin de rétablir l'ordre éternel ! Puis, à partir des années 1960, et notamment sous l'effet de la guerre du Vietnam, le western américain a évolué vers la mise en scène d'un monde moins manichéen dans lequel le Bien et le Mal n'étaient pas clairement définis, où le doute était de rigueur et dans lequel, souvent, un héros jeune était invité à faire l'apprentissage de la vie, c'est-à-dire de l'amour et de la liberté. *Les Aventures de Tintin*, mises en scène sur la même période, de 1930 à 1980, doivent certainement une bonne part de leur succès au fait d'avoir très vite juxtaposé et intri-

10. Ce serait peut-être aujourd'hui sur une souris d'ordinateur !

qué ces deux formes d'héroïsme autour de deux personnages emblématiques : Tintin, le héros parfait qui est toujours sûr de son bon droit et n'évolue jamais, et Haddock, le héros humain aux prises avec le doute mais qui, au fil des albums et des épreuves, découvre ses origines et fait l'apprentissage de la sagesse [11].

Or *Loft Story*, d'une certaine manière, a constitué une forme semblable de parcours initiatique. Pour ceux qui y ont participé, bien entendu, mais aussi pour tous ceux qui ont regardé vivre les candidats et se sont identifiés à eux. Si les lofteurs répétaient sans cesse qu'ils avaient « énormément appris » et que cette expérience serait pour eux « inoubliable », c'est bien parce qu'elle n'était pas prise comme une période de purgatoire avant le paradis de la médiatisation qu'ils escomptaient, mais bien comme une épreuve initiatique. C'est d'ailleurs la même importance de l'initiation que nous retrouvons chez deux héros qui ont récemment passionné les enfants et les adolescents : les Pokémons et Harry Potter.

Sacha et les Pokémons : un conte de fées moderne

Dans les Pokémons, le joueur est invité à

11. Voir à ce sujet Serge Tisseron, *Tintin chez le psychanalyste*, Paris, Aubier, 1985.

incarner un petit garçon de dix ans dont le but est de devenir le meilleur entraîneur de monstres. Pour réussir, il lui faut trouver son chemin dans divers labyrinthes, vaincre des adversaires, mais surtout apprendre à poser des questions. Il est en effet impossible d'avancer dans le jeu sans adresser la parole à toutes les personnes rencontrées sur le chemin. Le joueur n'est pas seul. Le professeur Chen veille sur lui, comme une figure bienveillante du pouvoir des adultes. Il remet au joueur son premier Pokémon. « Choisis celui que tu veux, le reste dépend de toi », lui lance-t-il. Ensuite, régulièrement, il encourage le joueur, le conseille et évalue ses performances dans un processus qui s'apparente à une initiation, c'est-à-dire à un apprentissage au contact d'un maître qui enseigne non un métier, mais une manière de se comporter dans la vie pour y réussir. L'enfant est ainsi invité à revenir régulièrement auprès du professeur Chen pour vérifier la progression de ses capacités. Enfin, au fur et à mesure de l'initiation, les pouvoirs de l'initié augmentent, que ce soit en habileté, en force ou en intelligence.

Aujourd'hui, contrairement aux générations précédentes, les enfants n'ont plus de mode d'emploi de ce qu'ils doivent faire. L'avenir est devenu flou et ils perçoivent souvent, à juste titre, leurs parents comme flottants et désemparés devant les bouleversements du monde. Dans ce jeu, au contraire, ils sont appelés à s'identifier à un héros de leur âge qui sait vers quoi se diriger, et par qui se faire aider. On comprend leur bonheur !

Le héros que le joueur incarne doit également affronter plusieurs catégories d'adversaires qui ont chacune leurs particularités. Les Pokémons sauvages représentent les propres tendances dangereuses de l'enfant qu'il doit apprendre à domestiquer. La Team Rocket, qui dresse les Pokémons pour en faire des monstres redoutables, symbolise la tentation de mettre ses forces et ses compétences au service du mal plutôt que du bien. Le joueur doit l'affronter quand il la croise sur son chemin. Enfin, les autres possesseurs de Pokémons auxquels le joueur est confronté dans les matchs représentent symboliquement des frères et sœurs. Dans l'initiation, comme dans la vie, la rivalité fraternelle est essentielle. Dans tous les cas, le joueur doit rester honnête. On ne peut pas voler les Pokémons, car « voler, c'est mal ».

Ce jeu est en cela une version moderne des contes de fées. Il en reprend trois idées essentielles : la nécessité pour l'enfant de trouver son chemin personnel, la mise en scène de son ambivalence, et enfin l'aide bienveillante d'un adulte pour y parvenir.

Harry Potter et la quête du Graal

De nombreux éléments ont probablement contribué au succès phénoménal des *Aventures de Harry Potter*. Nous en retiendrons trois : la place du corps et ses métamorphoses, un style d'écriture qui privilégie la mise en scène visuelle du mouvement, et enfin de multiples références au mythe initiatique du Graal, avec lequel les jeunes se sont familiarisés à travers les jeux de rôle.

Tintin était une sorte de héros de la latence, sans sexualité ni révolte, qui correspondait à une époque. Mais, aujourd'hui, les enfants reconnaissent de mieux en mieux les changements de la puberté qui affectent leur corps parce qu'ils sont de mieux en mieux préparés à les affronter : leurs bras et leurs jambes s'allongent, puis c'est au tour du tronc, leurs poils se multiplient, les organes génitaux prennent leur forme adulte et, chez la fille, les seins poussent. Les héros traditionnels ne connaissaient pas ces changements. Comme Peter Pan [12], ils étaient fixés dans le pays du « jamais-jamais » : jamais de barbe, jamais de poils sur les jambes, jamais de seins ni de rêveries sexuelles. C'était le cas de Bécassine, de Tintin, de Mickey et de Donald, ou encore de

12. Kathleen Kelley-Lainé, *Peter Pan ou l'Enfant triste*, Paris, Calmann-Lévy, 1992.

Spirou. Leur latence était éternelle. Avec Harry Potter, tout change. Il prend une année à chaque nouveau volume et, progressivement, passe de l'enfance à l'âge adulte. Cette évolution le confronte inévitablement aux métamorphoses de son corps, qui, dans ses aventures, ne sont pas directement mises en scène sur lui-même, mais métaphoriquement dans son environnement. Le troisième tome, intitulé *Le Prisonnier d'Azkaban*, fait une grande place à ces transformations. Un personnage y évolue malgré lui en loup-garou, tandis que ses amis se transforment en d'autres animaux pour le protéger : de bonnes bêtes contre de vilaines. Il s'agit là bien sûr d'une métaphore de la menace que vit l'adolescent, confronté à ses poils qui poussent, à l'angoisse de ses appétits sexuels ou de ses envies destructrices. *Les Aventures de Harry Potter* touchent les adolescents là où ils souffrent et s'interrogent, à savoir dans leur corps et les changements qui l'affectent.

Une deuxième raison du succès de *Harry Potter* tient au style adopté par leur auteur. Dans les ouvrages de Rowling, tout bouge et change en permanence. C'était déjà le cas dans *Tintin* où les divers moyens de locomotion – avion, voiture, moto et train – étaient omniprésents : le héros n'arrête pas d'aller, de venir, de se déplacer dans tous les pays du monde. Dans *Harry Potter*, le style lui-même accompagne le mouvement. D'ailleurs, les adolescents disent souvent que, en lisant ces aventures, ils « voient » les événements comme si ceux-ci se déroulaient sur un écran de cinéma devant eux. L'écriture de *Harry Potter* privilégie le « visuel » sur le discours introspectif des héros. Mais cela ne suffit pas encore à rendre compte de son efficacité. Elle rend visibles non pas les paysages ou les lieux, mais le mouvement permanent des corps, leurs affrontements les uns contre les autres, ou encore les métamorphoses dont ils sont le théâtre. En ce sens, cette écriture engage l'adolescent à passer constamment des mots qu'il lit à la représentation visuelle des changements qu'ils décrivent. Et ce chemin est en quelque sorte pour lui le garant qu'un trajet inverse peut être accompli, depuis les changements de son propre corps qu'il perçoit profondément jusqu'à leur mise en mots. *Harry Potter* invite ainsi indirectement les adolescents à parler des transformations qu'ils éprouvent, ou tout au moins leur montre que c'est possible de le faire. En révélant l'efficacité des mots pour transmettre une image à un lecteur, ces aventures invitent celui-ci à parcourir le chemin inverse, et à trouver des mots qui lui permettraient de communiquer ses propres bouleversements corporels ou psychiques.

Une troisième spécificité de *Harry Potter* nous invite à réfléchir sur le fonctionnement des nouveaux héros. Ces aventures apparaissent en effet structurées, contre toute attente, autour des thèmes traditionnels du... mythe du Graal. Ce mythe n'est pas spécifique d'une culture puisqu'il en a traversé plusieurs – notamment indo-européenne, celte et chrétienne – et qu'il a dû pour cela constamment se transformer et se modifier. Pourtant, certains éléments sont récurrents. Gilbert Durand distingue trois particularités essentielles [13]. Tout d'abord, le héros doit y trouver sa propre voie, et celle-ci est absolument indécidable, ce qui est aussi le cas de Harry Potter, loin du monde balisé des Pokémons ou de Tintin. Ensuite, le héros est constamment dans l'impossibilité d'accorder une signification précise, bénéfique ou maléfique, aux comportements des personnages, ce qui est encore le cas de Harry Potter, qui ne sait jamais si ceux qu'il croise sont situés du côté du Bien ou du Mal. Enfin, le mythe du Graal, au-delà de ses multiples variantes, s'appuie sur la mise en scène d'un certain nombre d'objets et de situations qui

13. Gilbert Durand, Chaoying Sun, « Graal dans tous ses états », *in Mythe, thèmes et variations*, Paris, Desclée et Brouwer, 2000.

sont autant de pivots du récit. Or dans les quatre tomes des *Aventures de Harry Potter* parus à ce jour, on trouve au moins cinq de ces pivots : le rôle de certaines armes très particulières, le cerf comme animal emblématique, l'épreuve du baiser, le chaudron et la cicatrice.

Tout d'abord, les épées et les lances utilisées dans la quête du Graal sont d'un genre très spécial. Elles ont pour caractéristique de pouvoir, selon les cas, tuer ou soigner celui vers lequel elles sont pointées. C'est exactement ce que l'on retrouve dans *Harry Potter*, sauf qu'il ne s'agit pas d'épées ni de lances, mais de baguettes magiques qui peuvent tuer ou soigner selon les intentions de celui qui les manipule.

Ensuite, dans le mythe du Graal, le cerf joue un rôle essentiel. De la même façon, dans *Harry Potter*, le cerf est l'animal emblématique du père de Harry. C'est sous l'apparence d'un cerf qu'il se cachait très souvent, et c'est sous cette forme qu'il apparaît à son fils après sa mort pour sauver celui-ci.

La troisième analogie entre *Les Aventures de Harry Potter* ct le mythe du Graal consiste dans l'épreuve dite « du baiser ». Dans le mythe du Graal, cette épreuve apparaît dans le deuxième acte de *Parsifal*. Le héros découvre que le baiser de Kundry (qui est un personnage à la fois maléfique et bénéfique) est la véritable arme de la blessure. De la même façon, dans *Harry Potter*, les « Détraqueurs » travaillant pour le pénitencier d'Azkaban imposent aux sorciers criminels un baiser meurtrier qui les vide de leur âme.

Le quatrième élément commun à la quête du Graal et aux *Aventures de Harry Potter* est le chaudron, précisément un chaudron dans lequel se prépare un filtre de vie éternelle. Dans le quatrième tome de ces *Aventures*, Harry, qui doit d'abord trouver une « coupe magique », symbole du Graal, donne ensuite son sang pour participer à la résurrection de son ennemi mortel, Lord Valdemor, si bien qu'il incarne finalement lui-même le Graal capable d'assurer l'immortalité.

Enfin, Harry Potter porte sur le front une cicatrice qui est à la fois la trace de la mise à mort qu'il a subie lorsqu'il était bébé et la preuve de sa résurrection. En effet, son père et sa mère, qui étaient parmi les sorciers les plus puissants, ont été assassinés par Lord Valdemor, l'allié du dieu des Ténèbres, et Harry Potter l'a été aussi, mais il est sorti vivant de cette épreuve après avoir mystérieusement traversé l'obscurité mortelle. Cette cicatrice évoque bien entendu l'expression « être marqué au front » qu'on emploie pour désigner un « élu ». Mais elle renvoie aussi aux stigmates que le Christ porte aux pieds et aux mains. Harry

Potter est en ce sens un personnage qui se situe dans la tradition christique. Comme le Christ, il est mort, puis ressuscité, et, comme pour le Christ, c'est une plaie visible qui atteste ce destin exceptionnel.

On voit que *Les Aventures de Harry Potter*, bien loin d'être une sorte de conte de fées, sont plutôt une version moderne du mythe du Graal. Leur auteur en est-il conscient ? Il y a trop de coïncidences pour que ce rapprochement ne soit pas recherché. En revanche, il n'est pas sûr que cette référence contribue beaucoup au succès des *Aventures de Harry Potter.* Ces romans traitent en effet par ailleurs de plusieurs problématiques qui touchent directement les adolescents et expliquent largement leur engouement : l'importance du groupe, la recherche du souvenir des parents idéalisés et disparus, et enfin la quête initiatique sont des thèmes forts, puissamment servis en outre par une écriture qui établit des ponts entre les mots et les corps en mouvement. Mais il en est probablement du thème de la quête du Graal dans *Harry Potter* comme du secret familial qui parcourt *Les Aventures de Tintin* [14] : un fil conducteur autour

14. Comme je l'ai montré dans *Tintin chez le psychanalyste* (*op. cit.*) puis dans *Le secret d'Hergé* (Paris, Presses de la Cité, 1993).

duquel s'agrègent progressivement les repères qui donnent l'impression au lecteur de se trouver en terrain familier sans très bien savoir pourquoi. La plupart des familles ont des secrets, et le lecteur retrouve donc aisément des allusions à l'atmosphère mystérieuse de sa propre famille dans *Tintin*. De la même façon, les jeux de rôle ont suffisamment familiarisé les adolescents avec les thèmes développés dans la mythologie du Graal pour que ceux-ci leur parlent lorsqu'ils les retrouvent dans *Harry Potter*.

Les nouveaux héros du Loft

Aujourd'hui, pour résoudre les difficultés de la vie, il n'est guère utile d'essayer d'appliquer des programmes, mieux vaut être capable de s'adapter au fur et à mesure aux changements. Or ces deux manières de se comporter ont chacune leur modèle.

La première, qui est la plus traditionnelle, consiste à essayer d'atteindre par des déductions successives un but déterminé d'avance. Elle a longtemps régi le domaine scientifique. D'une certaine manière, la théorie freudienne des deux formes d'héroïsme fondées sur le moi idéal et sur l'idéal du moi en reste tributaire : il existe dans les deux cas un modèle préétabli que le sujet rêve de devenir, ou bien auquel il essaye de ressembler dans la réalité. Et, dans les deux cas, le moteur du désir d'être un héros réside dans la perception douloureuse d'un manque : nostalgie de la toute-puissance perdue dans le cas du moi idéal, et de la puissance symbolique à acquérir dans celui de l'idéal du moi.

Le second de ces modèles, en revanche, ne part pas d'hypothèses pour échafauder des stratégies, mais il opère par tâtonnements, essais et erreurs, en perfectionnant au fur et à mesure les actions qui se révèlent payantes. Cette forme de pensée prévaut dans de nombreux jeux vidéo... mais aussi dans la vie sociale, même si elle n'est pas formalisée et valorisée dans des apprentissages. Selon cette conception, le sujet ne réalise pas des modèles qu'il a intériorisés au cours de sa petite enfance, il tâtonne pour se donner des représentations de la situation, et construit à la fois son monde intérieur et son monde social à partir de ce tâtonnement.

En ce qui concerne *Loft Story*, il est amusant de constater que cette stratégie a prévalu à la fois pour les participants et pour les concepteurs de l'émission. Ceux-ci ont avancé à vue, modifiant certaines règles à la demande du CSA (notamment lorsque la chaîne a accepté que les lofteurs bénéficient d'une heure par jour hors caméra) et d'autres en fonction des attentes des téléspectateurs ou de la lassitude des participants (comme la réduction de soixante à quarante-cinq jours de l'obligation pour les deux gagnants de vivre ensemble). Dans cette optique, le héros n'est plus celui qui est capable de ressembler à un modèle préétabli idéalisé, c'est celui qui révèle une capacité à s'adapter au fur et à mesure aux nouvelles situations. Les téléspectateurs ne trouvent donc pas chez les participants à ce jeu des modèles héroïques dans le sens où leurs parents ou leurs grands-parents pouvaient les envisager, mais des héros qui leur ressemblent, adeptes du bricolage relationnel et de l'avancée à vue. Des héros confrontés, comme eux, à la difficulté de se faire comprendre ou de cacher une émotion, de nouer des relations et de donner aux autres des représentations de ce qu'ils éprouvent afin de le valider pour eux-mêmes. Les nouveaux héros sont à la fois, et sans qu'aucun lien puisse être établi entre ces deux faits, reconnus dans leur banalité quotidienne et distingués magiquement par les médias.

Le héros de la banalité est en effet porteur de quelque chose qui a tout l'air d'une contradiction, mais qui n'en est pas une. Banal certes, il cesse de l'être dès lors qu'une instance médiatique le reconnaît et en fait un emblème. Mais cette banalité même fait qu'il peut à tout moment être replongé dans l'anonymat. Ce héros-là est exactement celui de *Loft Story*, et personne mieux que Kenza n'en a formulé l'ambiguïté majeure : « Je sais pourquoi je suis célèbre aujourd'hui, et si je ne le suis plus demain, je saurai également pourquoi [15]. » Ce héros-là, bien sûr, serait mal inspiré de se réclamer de vertus au-dessus du commun pour justifier sa réussite. Une fois sortie du Loft, Kenza déclare qu'elle a été choisie parce qu'elle « n'y croyait pas », et qu'elle « a pris tout cela comme un jeu [16] ». Pour rester crédible, ce héros doit absolument répéter que beaucoup d'autres sont aussi dignes que lui et que le sort seul, ou le hasard, l'a désigné. Il ne doit pas sa situation exceptionnelle à son mérite, et il ne la doit pas non plus à un coup de pouce de sa famille ou à quelques relations privilégiées. Il vaut mieux, aussi, qu'il n'affiche pas une trop grande ambition. Il ne lui est demandé que d'« être lui-même ». Les deux gagnants de *Loft Story*, Christophe et Loana, sont d'ailleurs sans doute ceux qui y croyaient le moins. Enfin, la caractéristique de ce nouveau héros est de pouvoir, indifféremment, se conjuguer au masculin et au féminin.

---

15. Interview au magazine *Elle*, 25 mai 2001.
16. *Ibid.*

La fin du mythe de la complémentarité homme-femme

S'il est un domaine dans lequel les efforts de M6 pour provoquer des conflits entre les participants a échoué, c'est bien celui des tâches ménagères. En ne mettant pas de machine à laver dans le Loft et en obligeant les garçons et les filles à faire eux-mêmes leur cuisine, tout semblait prêt pour une guerre des sexes. En fait, non seulement cette guerre n'a pas eu lieu, mais le mythe de la complémentarité homme-femme en a pris un coup ! Aujourd'hui, les messieurs ne prennent plus l'apéritif pendant que les femmes mettent la dernière main aux fourneaux, et la frénésie ménagère s'est même révélée être, dans le Loft, du côté de certains garçons – comme Philippe – plutôt que des filles. Quant à ce domaine traditionnel de la futilité féminine qu'est le plaisir pris à s'habiller à la dernière mode, là encore les choses étaient bien partagées. Bref, la génération du Loft semble avoir sonné le glas du mythe de la complémentarité homme-femme. Et ce n'est pas trop tôt, car ce mythe a alimenté de dangereuses attitudes ségrégatives tout au long du XXe siècle.

Le mythe de la complémentarité homme-femme

Les stéréotypes de la masculinité et de la féminité sont une invention récente, précisément du XVIIIe siècle. C'est à ce moment-là que les rôles féminins et masculins ont commencé à se mettre en place sous l'effet de la révolution industrielle qui a organisé la division des tâches [1]. Les divers régimes politiques européens partageaient alors le même sentiment, que l'on pourrait résumer par la phrase suivante : « Plus la femme est féminine, plus l'homme est viril... et mieux l'État et la société se portent. » La transformation de la structure économique a en effet exclu les femmes des lieux de travail, et la société bourgeoise éprise de dynamisme et d'ordre les a rangées dans la maison. Le XVIIIe et le XIXe siècle, mais aussi le XXe siècle, ont aimé se représenter les femmes entourées de fleurs et d'enfants...

Ce modèle s'est également accompagné d'une

1. Georges Mosse, *L'Image de l'homme, l'invention de la virilité moderne*, Paris, Éditions Abbeville, 1997.

condamnation de tous les individus qui ne semblaient pas lui correspondre. Comme tout modèle, il avait en effet besoin d'adversaires pour se fortifier et se donner une apparente légitimité. Les ennemis de la nation, notamment, ont toujours été jugés « efféminés » et « décadents ». C'était l'avis des Allemands sur les Français des armées napoléoniennes, tout comme celui des Français sur les Allemands, qu'ils jugeaient dépourvus de « vraies vertus viriles [2] ». À ce moment-là, « être masculin » signifiait posséder un ensemble de qualités telles que la force, le courage, la capacité de mettre une volonté passionnée au service d'un but clair et bien défini et de ne jamais fléchir dans ses positions. Au contraire, « être féminine » revenait à être douce, souriante et maternelle, situation à laquelle le code Napoléon a donné un fondement légal en privant les femmes de tout droit et en faisant d'elles la propriété de leur mari au même titre qu'un meuble. Plus tard, et jusqu'à l'histoire récente, la fable d'une complémentarité entre un homme « viril », possédant la force et la détermination, et une femme « féminine », qui posséderait la douceur et la générosité, a servi de fondement à toutes les sociétés autoritaires européennes. Elle a culminé dans le

2. *Ibid.*

fascisme et le nazisme, mais elle avait imprégné le christianisme depuis bien longtemps. Dans les années 1960, les éditions ouvrières d'obédience catholique proposaient deux livres pour préparer les adolescents à la vie de couple. L'un était strictement réservé à l'édification des garçons et s'appelait *Aimer*. Le second, dédié à l'édification des filles, s'intitulait... *Donner*. C'était évidemment tout un programme ségrégatif ! Autrement dit, non seulement ce que l'on appelle la « complémentarité » de l'homme et de la femme est une invention sociale, mais c'est une invention qui a toujours été particulièrement valorisée par des pouvoirs soucieux de contrôler leurs citoyens. Et, pis encore, cette invention a été reprise par certains psychanalystes qui l'ont traduite dans leur théorie et leur pratique. Cela s'est fait précisément à travers deux concepts dont les effets ont été ravageurs : l'« envie du pénis chez la femme » et le « complexe de castration ». Sans être nécessaires ni à la théorie ni à la pratique de la psychanalyse, ils témoignent de la difficulté où nous sommes de penser différemment, l'homme et la femme.

L'envie du pénis et le complexe de castration

C'est le mérite de Maria Torok d'avoir montré, dès 1972, qu'il n'y a pas d'envie du pénis chez la femme au sens où il pourrait y avoir chez elle le désir de posséder un sexe masculin [3]. Il existe en revanche une envie du « pénis idéalisé » parce que celui-ci peut paraître incarner, aux yeux des femmes, un pouvoir phallique qu'elles désirent au même titre que les hommes. Face à l'envie du pénis idéalisé, les hommes et les femmes sont égaux. C'est ce que rappelait l'humoriste Coluche. À la question de savoir s'il désirerait changer de sexe, il répondait : « Oui, j'en voudrais un plus gros. » En fait, il existe deux séries de raisons à l'idéalisation du pénis, que ce soit par l'homme ou par la femme.

Les premières de ces raisons sont évidemment sociales : la fillette voit bien que son père a des prérogatives et des pouvoirs que sa mère n'a pas. Il est le « chef de famille ». Mais quand bien même l'égalité des hommes et des femmes serait socialement instaurée, cette envie du pénis idéalisé ne disparaîtrait pas pour autant chez les fillettes. En effet, sa source principale, tant chez l'homme que chez la femme, s'organise autour du fait que garçons et filles, dans leur petite enfance, sont soumis aux mêmes problèmes, mais que leur

3. Maria Torok, « La signification de l'"envie du pénis" chez la femme » *in* N. Abraham et M. Torok, *L'Écorce et le Noyau*, *op. cit.*, p. 132-171.

sexe anatomique les conduits à résoudre ceux-ci très différemment. Ces problèmes communs aux deux sexes concernent bien entendu la relation à la mère. Le petit garçon et la petite fille partagent le désir d'échapper à l'emprise des soins maternels, ressentis comme une menace pour leur indépendance, même s'ils éprouvent par ailleurs du bonheur à en bénéficier. L'angoisse d'une mère contraignante et envahissante, qui serait en quelque sorte propriétaire du corps de l'enfant, est partagée par tous les êtres humains quel que soit leur sexe. Tous doivent en effet apprendre à s'aligner sur les rythmes d'alimentation et de défécation imposés par la mère. Mais cette angoisse commune est justement gérée différemment en fonction du sexe anatomique. Face à cette menace, le petit garçon est amené à investir un organe extérieur à son corps, à savoir son pénis, comme une manière de tenter d'échapper à l'emprise maternelle. Son tube digestif et ce qu'il contient appartiennent peut-être à sa mère, et même tout l'intérieur de son corps, mais son pénis, qui en est comme un appendice, lui appartient bien en propre et, pour se conforter dans cette idée, il le touche souvent... La petite fille n'a pas cette chance, et c'est pourquoi elle envie le pénis du garçon. Mais elle ne l'envie qu'à la mesure de la façon dont elle l'idéalise comme moyen d'échapper à l'emprise maternelle. Elle sera obligée, elle, pour échapper à cette emprise, d'investir un homme de son entourage vis-à-vis duquel la mère semble éprouver des sentiments tendres, afin de rentrer en rivalité avec cette mère, et de pouvoir ainsi s'assurer une identité distincte d'elle.

Un autre concept psychanalytique peut donner lieu à des interprétations erronées. Il s'agit du complexe de castration. Qui dit « castré » dit en effet, dans l'imaginaire collectif, « castré du sexe masculin », même si la castration peut concerner l'un et l'autre sexe dans ses organes génitaux propres. Il n'y a pas, bien entendu, un sexe qui serait castré et un autre qui ne le serait pas. Les deux le sont dans la mesure où ils partagent l'angoisse et l'amertume de devoir se contenter du sexe qu'ils ont sans jamais pouvoir jouir de celui de l'autre, sauf dans le sien propre au moment des relations sexuelles. L'angoisse de castration rapportée à la problématique sexuelle correspond au fait d'être enfermé dans une identité sexuelle arrêtée et définie. L'être humain est homme *ou* femme, et il ne peut jamais être l'un *et* l'autre. En outre, chez tout enfant, et quel que soit son sexe, s'y ajoute le fait que ses désirs sexuels, notamment de rapprochement avec son père ou sa mère, se heurtent à l'angoisse d'avoir des organes génitaux beaucoup plus petits que ceux des adultes qu'il côtoie. Malheureusement, le mot de « castration » est bien mal choisi et il a parfois engagé certains psychanalystes à penser que la femme serait « irrémédiablement castrée »...

Enfin, il est impossible d'évoquer les écueils où la psychanalyse s'est fourvoyée sans mentionner l'homosexualité. Elle l'a largement condamnée sous prétexte qu'il s'agirait d'un choix d'objet « narcissique », en fermant les yeux sur le fait que la plupart des choix hétérosexuels ne le sont pas moins. Il sera, de ce point de vue, de plus en plus cruel de rappeler les condamnations dont l'homosexualité a été l'objet de la part des mouvements psychanalytiques, et d'autant plus important d'ouvrir un chantier de travail autour des parts respectives de « libido objectale » et de « libido narcissique » dans les choix d'objets, hétérosexuels autant qu'homosexuels.

Relativisation de la virilité

Dans son ouvrage *Souffrance en France*, Christophe Dejours [4] rapporte la violence sociale à l'importance prise dans notre société par la « virilité ». Pour cet auteur, le moteur principal des

4. Christophe Dejours, *Souffrance en France, la banalisation de l'injustice sociale*, Paris, Le Seuil, 1998.

violences professionnelles se trouverait dans le fait que ceux qui sont appelés à les exercer y sont encouragés par une idéologie qui identifie exercice de la violence et virilité. Celui qui refuse de commettre des violences vis-à-vis de ses inférieurs hiérarchiques ou des entreprises concurrentes est en effet facilement taxé de « n'avoir rien entre les cuisses », d'être une « femmelette » ou un « pédé ». Christophe Dejours voit dans ce recours à la virilité le principal levier de la violence sociale, à la fois dans chaque entreprise et dans la concurrence qui les oppose. Chacun est invité à être inhumain et impitoyable à la fois avec ses subalternes et ses concurrents, ce comportement apportant la preuve de la « virilité » de son auteur. Jouant sur l'homonymie des deux mots « mal » et « mâle », Christophe Dejours désigne la violence dans les entreprises comme le « travail du mâle ». Pour lui, c'est donc l'angoisse de castration qui est le moteur de la violence sociale. Celui qui est sommé de l'accomplir craint, s'il n'y parvient pas, de se voir privé de la qualité virile.

Le problème de cette thèse est que la « virilité » est un concept récent, qui date précisément du XVIIIe siècle. La violence des guerres de Religion, par exemple, a été exercée non pas au nom d'un idéal de virilité, mais d'un idéal religieux.

Il ne faut donc pas confondre la virilité comme prétexte avec la virilité comme moteur de la violence. Ce n'est pas l'angoisse de castration qui amène à se conformer à la loi du groupe, c'est l'angoisse d'être rejeté par lui. Christophe Dejours me semble sous-estimer l'importance de la référence au groupe dans l'adoption des comportements qu'il dénonce. Si l'exaltation de la virilité prend aujourd'hui dans les entreprises une telle importance pour beaucoup de travailleurs, c'est d'abord parce qu'elle est érigée en idéologie officielle et que quiconque prétend s'en écarter risque de perdre l'estime et le soutien de ses camarades et amis. L'aptitude à une violence sans honte ni culpabilité trouve son origine dans une certaine forme de constitution de la personnalité pour laquelle l'obtention de la reconnaissance du groupe est tout. Dans les entreprises, aujourd'hui, c'est en effet souvent la virilité qui est mise en avant comme condition de cette reconnaissance, mais il ne s'agit que d'un prétexte qui pourrait être remplacé par un autre sans rien changer au fonctionnement du monde du travail.

Le mythe de l'androgyne

Aujourd'hui, si nous pouvons parler de toutes ces questions, c'est évidemment parce que les modèles sont en train de changer. Après la Seconde Guerre mondiale, en effet, les États-Unis ont diffusé en Europe des modèles différents de ceux auxquels nous avait familiarisés l'exaltation de l'Antiquité grecque et latine entre 1900 et 1945. La musique américaine, les vêtements et les modes qui ont été adoptés par la jeunesse européenne depuis 1950 ont popularisé des images nouvelles de l'homme et de la femme. La valorisation des décharges affectives indisciplinées dans les nouvelles danses va notamment radicalement à l'encontre des qualités viriles exaltées depuis le XVIIIe siècle dans la culture occidentale. La maîtrise de soi n'est plus érigée en vertu absolue. Enfin, la vogue de l'unisexe dans les années 1980, puis celle de l'androgyne dans les années 1990 (incarnée notamment par des chanteurs comme David Bowie, Boy George ou Michael Jackson) ont eu un effet libératoire sur les modèles.

L'androgynie en tant que principe concerne la liberté de choisir sa sexualité, de remplir divers rôles sociaux, d'aller et venir entre masculinité et féminité. Cet idéal est bien entendu porteur d'utopie, mais il a permis aux femmes d'échapper à leur rôle traditionnel de gardienne du foyer et de montrer leurs talents sans pour autant craindre d'adopter des comportements virils. L'androgynie a représenté le défi principal aux stéréotypes de la virilité et de la féminité.

Renoncer à l'homme d'acier

Sur le chemin de l'émancipation des modèles traditionnels de l'homme et de la femme, nous rencontrons un mythe très tenace, celui de *l'homme d'acier*. Il a imprégné toute la pensée occidentale pour culminer dans l'esthétique nazie [5]. Par ce mot d'« esthétique », je ne désigne pas seulement les normes artistiques des hommes musclés réalisés par Arno Becker, le sculpteur officiel du IIIe Reich, ou celles des femmes dont les formes rondes semblaient destinées à la fabrication des enfants. Ces modèles, aujourd'hui, n'ont plus cours : les mannequins masculins ont volontiers des corps fins, et les mannequins féminins sont de plus en plus androgynes, avec des hanches étroites et des poitrines plates. Mais le vieux modèle du nazisme, malheureusement, sévit encore à travers une exaltation de la maîtrise absolue des émotions, des sentiments et du corps. L'homme parfaitement maître de ses émotions est évidemment d'une redoutable efficacité parce qu'il est sans états d'âme. C'est pourquoi, quand il se dévoue à

5. Éric Michaud, *Un art de l'éternité*, Paris, Gallimard, 1996.

une cause, rien ne l'arrête. C'est véritablement un « homme d'acier ».

Or ce modèle n'a pas disparu avec la fin du nazisme et la chute du stalinisme. Preuve en est qu'on le trouve dans de nombreux westerns américains, et notamment dans l'un des plus célèbres d'entre eux, *Les Sept Mercenaires*, réalisé par John Sturges. Dans ce film, Chris, le chef incontesté des mercenaires, interprété par Yul Brynner, est une sorte d'ange noir, marchant et bougeant avec une économie remarquable de gestes, qui ne connaît ni la peur ni l'amour, et que rien ne peut détourner de son seul programme : tuer. Il est vrai que cette compétence est mise ici au service d'une cause juste, et même la plus juste qui soit aux yeux de la société américaine, puisqu'il s'agit de la liberté de s'enrichir par son travail : Chris applique ses méthodes et sa philosophie au bénéfice d'une communauté de paysans mexicains pour les libérer du joug d'une bande de brigands.

Embrigader l'« homme d'acier » au service d'une cause juste ne suffit pourtant pas à désactiver son modèle, loin s'en faut. D'autant plus que celui-ci est encore très fortement valorisé, notamment dans le domaine de la concurrence économique. Un signe de changement, pourtant, nous vient du cinéma. *Titanic* et *Terminator 2* brisent ce mythe, chacun à leur façon. Dans le premier de ces deux films, le héros est un jeune garçon fragile et sensible, un peu efféminé, incarné par Leonardo Di Caprio, tandis que, dans le second, Arnold Schwarzenegger est un « homme d'acier » d'autant plus parfait qu'il ne s'agit justement pas d'un homme, mais d'un robot ultra-perfectionné. Autrement dit, *Terminator 2* nous montre mieux que tous les discours que l'homme d'acier invulnérable, efficace et sans états d'âme n'est justement pas humain ! Entre « homme » et « acier », il faut savoir choisir. Mais dire cela, c'est tourner le dos à deux siècles de mythologie masculine qui les a au contraire confondus.

Alors, une fois dénoncé l'homme d'acier dont le pendant est la femme soumise et généreuse, sur quelles bases construire la relation entre les sexes aujourd'hui ? Pour nous libérer définitivement du mythe de la complémentarité entre hommes et femmes et de tous les stéréotypes dans lesquels il a piégé les comportements depuis deux siècles, il convient de reconnaître la bisexualité psychique de chacun et d'accepter la rivalité entre les sexes. Pour les hommes comme pour les femmes, la période contemporaine est caractérisée par l'absence de mode d'emploi, qu'il soit professionnel, familial ou social, et la référence est plutôt que chaque individu, quel que soit son sexe, doit « trouver son truc ».

Dans le Loft, les hommes s'épilent les sourcils ou le dessous des bras et font la cuisine, la vaisselle et la lessive. Entre eux, ils ne cachent rien de leurs émotions, et pleurent à l'occasion. Les femmes font elles aussi toutes ces choses qui correspondaient aux attributs traditionnels de la féminité il y a encore vingt ou trente ans, mais elles sont également présentes sur le terrain des jeux improvisés et des prises de décision. La « différence des sexes » aurait-elle pour autant disparu ? Non, bien sûr, mais elle s'est détachée des rôles sociaux à remplir pour investir d'autres territoires plus intimes, et surtout pour devenir une source de questionnements et d'échanges sans fin. Pourquoi les filles n'ont-elles pas accueilli Kimy, la nouvelle, comme les garçons avaient accueilli Fabrice, le nouveau ? Ont-elles des formes de complicité différentes de celles des garçons ? Décidément, *Loft Story* a bien confirmé que cette génération est à la fois celle de la fin du mythe de la complémentarité entre les sexes et celle de l'exploration intriguée de leurs subtiles différences.

Du désir d'être célèbre à l'angoisse d'être abandonné

Devenir célèbre… C'est à cette ambition qu'on a souvent tenté de ramener la motivation des différents habitants du Loft. Mais pourquoi donc voudraient-ils le devenir ?

Culte de soi ou culture de l'extimité ?

Le culte de soi est apparu aux États-Unis dans les années 1950, puis s'est généralisé en Europe à partir des années 1980. Le reflux des espoirs de changement global, qu'avaient un temps entretenus les rêveries révolutionnaires, a laissé progressivement la place à une affirmation sans nuances de la suprématie de l'individu. Le dernier quart du XXe siècle a ainsi vu se développer une culture du narcissisme qui met au premier plan la surestimation de la figure de soi. Cette idéologie a imprégné la publicité et culmine probablement dans la campagne pour les produits L'Oréal, dont chaque apparition se termine par le gros plan d'une femme – de préférence célèbre – qui déclare : « Parce que je le vaux bien [1]. » Cette exaltation a bien entendu aussi sa face sombre. La nécessité d'être « à la hauteur » en toute circonstance peut finir par alimenter une image de soi idéalisée et inaccessible, donc tyrannique. L'exaltation de soi s'épuise en « fatigue d'être soi [2] ».

Quoi qu'il en soit, en marge de ces excès et des réajustements qu'ils appellent, l'affirmation par chacun de sa valeur personnelle est devenue aujourd'hui une référence partagée. On aurait tort d'y voir seulement le témoignage des difficultés que notre culture traverse – notamment du point de vue de la faillite des idéaux collectifs –, ainsi qu'une source de souffrances et de maladies nouvelles. Le narcissisme, qui n'est autre que l'amour de soi, est parfois une source possible de pathologies, mais il est d'abord indispensable à chacun. Il permet notamment le jugement personnel et l'autonomie de pensée, qui sont fondés sur le fait de se faire confiance à soi-même. Ce

1. Sur cette campagne publicitaire et sa signification, on peut lire « Rester jeune éternellement », *in* Serge Tisseron, *Petites Mythologies d'aujourd'hui, op. cit.*

2. Alain Erhenberg, *La Fatigue d'être soi, dépression et société*, Paris, Odile Jacob, 1998.

narcissisme sain ne s'oppose pas aux relations interindividuelles, au contraire, il les nourrit et les soutient. En outre, il n'est pas immuable et varie selon les périodes et les cultures. Il semble bien guidé aujourd'hui par un appétit croissant d'annexer à soi plus de choses et, pour cela, de commencer à en montrer plus. Ce désir participe de ce que nous avons appelé une « culture de l'extimité » : être connu par un très grand nombre de gens, c'est avoir l'illusion de pouvoir multiplier les miroirs de sa propre identité et de mieux se connaître. C'est d'ailleurs une constante qui est revenue dans la bouche de tous les participants de *Loft Story* : « J'ai appris à mieux connaître les autres » et « J'ai appris à mieux me connaître. » Ces deux mouvements sont liés de façon indissociable comme la systole et la diastole de la pulsation cardiaque. Le désir d'« être célèbre » peut, en partie, s'expliquer ainsi : il ne s'agit pas de dépasser ses propres limites dans un effort permanent, mais seulement de profiter de la mythologie associée à la célébrité, qui est de bénéficier de nombreuses propositions de tout ordre, de pouvoir choisir entre elles et de mettre en valeur certains aspects de soi qui seraient sans cela restés en friche, pour, au bout du compte, « mieux se connaître ». Cette caractéristique explique que la recherche de la célébrité, chez les lofteurs, soit inséparable du désir de « rester soi ». En effet, vouloir être célèbre, tout en espérant que cela permettra d'« être plus soi-même », nécessite évidemment d'inclure cette contrainte dès le début et de la garder toujours présente à l'esprit. Y arriveront-ils, c'est un autre problème. Mais on ne peut rien comprendre à leur quête si l'on ne garde pas présente à l'esprit cette revendication. Ils l'ont exprimée de manière crue au cours de la première émission, l'une des candidates disant vouloir « péter » à l'envi, ce qui a étonné, voire choqué, un certain nombre de téléspectateurs. Enfantillage, provocation ? En fait, le but est de se faire admettre d'abord, et de devenir célèbre ensuite, sans renoncer à ce qu'on estime – à tort ou à raison – « faire partie de soi ». Et c'est le même désir qui s'exprime encore dans la dernière émission lorsque l'un des garçons revendique le droit de venir sur le plateau en short : « C'est moi, je suis comme ça », répète-t-il à plusieurs reprises. Mais un autre élément intervient dans cette aspiration à la célébrité et, là encore, les confidences des lofteurs entre eux ou leurs propos sur le plateau l'ont abondamment montré : ils désiraient que leurs parents soient fiers d'eux.

Ce désir remonte à la période de notre petite enfance, lorsque nous attendions de notre mère qu'elle admire nos initiatives et nos trouvailles, et guettions dans son regard son acquiescement et sa fierté. Mais, traditionnellement, des règles familiales et sociales autoritaires orientaient très vite l'enfant plus grand vers un abandon de ces références. L'obéissance à un père, puis à un chef – militaire, politique ou spirituel – balayait ce tâtonnement. Il s'agissait de reproduire des modèles présentés comme éprouvés, et plus guère d'étonner par ses trouvailles. Le jeune adulte s'éloignait des premières expériences partagées avec son parent privilégié, entre exaltation de soi et angoisse de décevoir et d'être abandonné, et il rentrait dans le rang. On disait de lui que la vie lui avait « mis du plomb dans la tête », on aurait pu tout aussi bien dire qu'il en avait « pris dans l'aile ». Il renonçait à ses rêveries de gloire, à s'élever au-dessus des autres, bref à devenir célèbre, parce qu'au fond de lui il avait renoncé à allumer dans le regard maternel ce scintillement d'admiration et de frayeur qu'il observait quand, au jardin public, il faisait monter sa balançoire plus haut que celle de ses camarades. Aujourd'hui, et notamment du fait des nouvelles organisations familiales où de plus en plus de mères se retrouvent avec leur enfant pour seul compagnon de vie, un nombre croissant de jeunes ne renoncent plus à ce rêve. Leur existence n'est pas plus facile pour autant, et elle est même plus coûteuse sur le plan psychique que celle de leurs parents et grands-parents, qui se rangeaient sans discuter à l'autorité d'un « père ».

Il nous faut ici renoncer à la suspicion vis-à-vis des mères, qui a malheureusement tellement marqué la littérature psychanalytique. Freud s'en méfiait déjà, lui qui supportait rien moins que d'être sollicité par un patient, dans le transfert, pour jouer un rôle maternel. Et Lacan, en insistant sur la « loi du père », a redoublé cette méfiance. Bref, l'homme, dont le berceau est dans la mère, devrait s'en écarter au plus tôt pour que ce ne soit pas aussi sa tombe, et la figure du père aurait le privilège de l'arracher à cette menace. Ce n'est pas faux, mais n'oublions pas non plus que c'est bien souvent, en pratique, pour l'embrigader dans des groupes dont le fonctionnement emprunte tout à l'autorité omnipotente et mortifère de l'« imago maternelle ». En outre, ce « pouvoir des mères » ne doit pas être confondu avec les formes caricaturales qu'il avait lorsqu'il était pour elles le seul moyen de prendre leur revanche sur les frustrations multiples auxquelles la société patriarcale les condamnait.

Une génération « élevée sous la mère »

Interrogés sur leurs héros, un grand nombre de jeunes, aujourd'hui, citent en priorité des personnes appartenant au cadre de leur vie privée, et notamment les membres de leur propre famille. « Mes parents », « mon père » et « ma mère » sont ainsi parmi les plus mentionnés de ces héros anonymes et ordinaires [3]. Lorsque l'enfant a été élevé par sa mère seule, celle-ci est évidemment plus souvent encore cette héroïne, à la fois quotidienne et tellement méritante. Dans *Loft Story*, il était frappant de voir l'importance accordée à leur mère par plusieurs des participants, d'autant que beaucoup des pères de ces jeunes gens semblaient lui avoir abandonné très tôt leurs prérogatives [4].

Cette « héroïsation » du personnage maternel n'est évidemment pas sans conséquences. La première est que des garçons, identifiés à un héros maternel, sont... très à leur aise avec les tâches ménagères. Il est en effet normal qu'ils s'identifient à des comportements quotidiens qu'ils ont appris à considérer comme « héroïques ». Une autre conséquence est leur désir que cet héroïsme

3. Anne Muxel, « Les héros des jeunes Français : vers un humanisme politique réconciliateur », *op. cit.*

4. Sept des onze candidats ont été élevés par leur mère seule, ou dans une famille recomposée à l'écart de la présence affective d'un père, mais sans jamais manquer de celle de leur mère, si on en croit leurs propos (Aziz, Christophe, Jean-Édouard, Kenza, Kimy, Loana et Steevy).

soit socialement reconnu. L'enfant qui a vu un parent résoudre avec courage et obstination des situations difficiles, et tenir bon face à des difficultés financières, à la maladie ou au chômage, souhaite évidemment que cette lutte de tous les jours suscite le respect. Plusieurs habitants du Loft ont d'ailleurs clairement dit qu'ils voulaient gagner « pour leur mère », c'est-à-dire pour lui assurer un confort matériel qu'ils estimaient qu'elle avait bien mérité [5], et aussi, indirectement, une distinction par procuration. C'est pourquoi l'idée que *Loft Story* favoriserait un « incivisme » en donnant l'occasion à des jeunes de devenir célèbres sans efforts, et du jour au lendemain, doit être sérieusement nuancée. Déjà, si l'on envisage les choses du seul point de vue de leurs mérites, l'argument est douteux : après tout, ils ne sont que onze à avoir été sélectionnés parmi trente-huit mille candidats, et les critères utilisés pour les retenir, quels qu'ils aient été, n'étaient certainement pas plus discutables que ceux qui président à l'élection de Miss France ou à un casting de mannequins. Mais, surtout, la satisfaction d'être distingué pour des actes aussi anodins que celui de faire la vaisselle ou de parler de ses dif-

5. Ce sont notamment les propos tenus explicitement par Kenza, Aziz, Steevy et, bien sûr, Loana.

ficultés au jour le jour est inséparable d'un esprit de revanche. La génération de leurs parents n'a jamais été reconnue pour son héroïsme du quotidien, trop « ordinaire » du point de vue du regard social porté sur lui. En devenant célèbres sans rien accomplir d'autre que cette même quotidienneté puis en reconnaissant leur dette envers leur mère, ces jeunes vengent en quelque sorte celle-ci de l'obscurité où elle était plongée : leur célébrité pour un quotidien sans héroïsme – quelques semaines passées à bronzer et à jouer – venge leur mère d'un héroïsme du quotidien sans célébrité – de longues années passées à « tirer le diable par la queue » pour « boucler les fins de mois » et élever seule des enfants. Cette manière d'envisager une dette vis-à-vis des parents est évidemment bien différente de celle qui échoit en général à un enfant élevé par deux parents, et plus encore si le père travaille et rapporte l'argent du ménage tandis que la mère reste à la maison et s'occupe des enfants. Cette dernière situation, qui est celle autour de laquelle Freud a construit son modèle de la névrose, suppose que l'enfant passe progressivement du monde de la petite enfance dominé par l'intimité physique et psychique avec la mère à celui de l'enfance, puis de l'adolescence, dominé par la loi paternelle et son réalisme : « Fini de jouer, mon fils. Maintenant, tu es grand, tu vas apprendre un métier. Tu seras cordonnier – ou mineur, ou notaire, ou médecin... – comme ton père. » On n'a pas assez dit que la loi paternelle, et l'identification au père qu'elle suscite, est d'abord celle de la reproduction sociale. Le même processus psychique – encouragé évidemment par l'organisation sociale – a poussé pendant des siècles les fils de médecins à devenir médecins et les fils de mineurs à devenir mineurs.

La loi maternelle, elle, est bien différente : si la mère rêve l'enfant – ce qui n'est pas toujours le cas, certaines génitrices étant encore trop immergées dans leurs propres histoires d'enfance pour en être capables –, c'est en le faisant roi, princesse ou héros. Cette exaltation irréaliste des capacités de l'enfant le porte alors à son tour à des rêveries grandioses : il rêve de cueillir les feux du succès et de les rapporter à sa mère, pas seulement pour la récompenser de « l'héroïsme quotidien » dont elle a fait preuve en s'occupant de lui malgré les difficultés, mais également pour lui donner les fruits de l'arbre dont elle a planté les graines, celui d'une exaltation narcissique assurant de pouvoir trouver le succès.

Oui, décidément, la névrose ne profite qu'aux riches. Être mesuré et réaliste permet de bien gérer un patrimoine familial déjà constitué au fil des générations précédentes et d'assurer la meilleure transmission à ses propres enfants. Mais lorsque l'on est issu d'un milieu modeste – voire carencé –, il vaut bien mieux se ranger sous la bannière d'une exaltation du narcissisme. Il faudra bien sûr une pincée de névrose (ou, à défaut, un bon entourage) pour gérer le succès au cas où il arriverait. Mais la névrose seule ne pousse à rien d'autre qu'à reproduire la situation des parents, et en général un peu moins bien qu'eux, par crainte et respect filial. Ce que *Loft Story* révèle, c'est une génération nouvelle auprès de laquelle les pères ont été souvent absents (et qu'ils aient été remplacés finalement par des beaux-pères ne change rien à ce problème), une génération en quelque sorte « élevée sous la mère ». Ses chances et ses difficultés ne sont ni plus ni moins importantes que celles de la génération précédente, élevée sous la férule des pères, mais sa manière d'y faire face est différente.

D'Œdipe à Narcisse

L'ambivalence d'Œdipe, dans la mythologie psychanalytique, trouve son origine dans l'impossibilité des enfants, à l'époque où Freud vivait, de manifester leur haine vis-à-vis des figures parentales idéalisées. Dans la société de la fin du XIXe siècle et de la première moitié du XXe siècle, le pouvoir patriarcal pouvait en effet difficilement être mis en cause. Œdipe cueillait les fruits de cette névrose sociale. Il multipliait les symptômes pour tenter de venir à bout d'un conflit insoluble parce que l'un de ses deux termes, la haine, ne pouvait être clairement posé et socialement identifié. « Ton père et ta mère tu honoreras », cela signifie aussi qu'il n'est pas possible de reconnaître la haine que l'on peut parfois avoir pour eux ! Œdipe a le devoir de respecter les qualités de ses parents et leur amour pour lui, mais il n'a pas le droit de voir leurs défauts, leurs faiblesses, et encore moins leurs jalousies et leurs haines à son égard. Bref, de l'amour et de la haine qui traversent toute relation de proximité, il est poussé par l'organisation sociale patriarcale à exalter le premier et à refouler la seconde, et ce refoulement le rend malade.

Depuis cinquante ans, le déclin progressif du pouvoir patriarcal a permis l'affirmation croissante de la haine des enfants et des adolescents à l'encontre de leurs parents. Mais ils ne se sont pas pour autant retrouvés sans souffrance psychique ! La diminution des pathologies liées à l'ambivalence des sentiments vis-à-vis des parents a laissé place à d'autres marquées par la fascination des pouvoirs illimités du moi. La figure d'Œdipe partagée entre l'affection et la haine de ses parents a ainsi fait place à celle de Narcisse, envahie d'angoisse face à l'impossibilité de « se réaliser ». Œdipe était pourtant un grand mythe du monde grec, tandis que Narcisse n'était qu'une légende annexe. Mais l'évolution sociale en a – provisoirement ? – décidé autrement. Depuis une vingtaine d'années, le culte de soi s'est généralisé à toutes les catégories de la société et culmine dans ce qu'il est convenu d'appeler l'« exigence d'être soi-même ». Cette injonction s'accompagne d'un développement de techniques thérapeutiques à la mesure des angoisses qu'elle mobilise. La sophrologie, la bioénergie, le tai-chi, le cri primal ou encore la méditation transcendantale se nourrissent de cette angoisse de ne pas réaliser ses possibilités. Ce n'est plus la crainte de la punition par la loi qui domine les troubles psychiques, mais celle d'une insuffisance vis-à-vis de soi-même, alimentée par des exigences sans fin. Déjà, dans les années 1980, de nombreux psychanalystes avaient annoncé la forte diminution des pathologies névrotiques traditionnelles, dominées par l'ambivalence des sentiments vis-à-vis des figures parentales, au profit des pathologies du narcissisme, centrées sur la fragilisation des repères de groupe et la culture de plus en plus impérieuse de l'image de soi. Mais il semble – et *Loft Story* paraît en être l'illustration – que ces pathologies soient aujourd'hui intriquées avec des formes de plus en plus pressantes d'angoisses d'abandon et de séparation. Encore une fois, il n'est pas question d'opposer ce qui serait une civilisation « saine », marquée par la névrose et les conflits d'ambivalence, à une autre qui serait « malade », dominée par les failles narcissiques et les angoisses d'abandon, mais seulement de remarquer l'insensible glissement qui s'est produit de l'une à l'autre. La névrose n'a pas disparu du paysage psychique de nos contemporains, mais les nouvelles formes de vie et d'organisation sociale ont contribué à chasser du premier plan le traditionnel conflit amour-haine vis-à-vis de chacun des deux parents, pour y substituer une nouvelle dualité, entre une exaltation narcissique sans limite et une angoisse craintive et frileuse d'être abandonné. Les enfants n'ont pas « inventé » cette nouvelle conflictualité. La difficulté des jeunes à quitter le foyer parental (qu'il soit bi ou monoparental) vient bien souvent en réponse à l'angoisse que les parents ont souvent eux-mêmes cultivée : celle d'être séparés de leur rejeton. Les angoisses de séparation ont toujours existé, mais elles s'abreuvent aujourd'hui à deux sources nouvelles : l'enfant désiré et les nouvelles technologies favorisant le déni de la séparation.

L'enfant désiré est devenu la règle dans les classes moyennes et supérieures. Le moment de sa naissance est planifié et le nouveau-né est d'autant plus investi que, pour beaucoup, il restera unique. Il y a évidemment une contrepartie à cela : l'enfant unique et désiré a une dette vis-à-vis de ses parents bien plus importante que l'enfant non désiré et appartenant à une famille nombreuse. Dans celle-ci, c'est en général au petit dernier – et notamment à la dernière des filles – qu'incombe la responsabilité de gérer l'angoisse d'abandon que les parents éprouvent toujours au moment du départ de leur progéniture, même s'ils s'en défendent. L'enfant unique et désiré a porté seul les attentes de ses parents et sent qu'il est chargé de leurs vœux et de leurs ambitions. Comment ne tremblerait-il pas au moment de prendre son envol ? Qu'il échoue, qu'il tombe, et les espérances que ses parents ont fondées sur lui sont anéanties. Bien sûr, nous sommes ici dans le domaine du fantasme, le narcissisme des parents n'étant pas tout entier délégué à l'enfant. Malheureusement, certains d'entre eux le laissent croire parce qu'ils pensent que l'enfant prend cette attente à son égard comme une preuve d'amour, alors qu'il s'y trouve emprisonné.

L'autre source qui alimente aujourd'hui ces pathologies de la séparation trouve son origine dans les nouvelles technologies de la communication. Les divers appareils qui créent à distance et à tout moment l'illusion d'une proximité, comme Internet et le téléphone portable, rendent moins nécessaire, chez ceux qui veulent l'éviter, le travail psychique de la séparation. Ce n'est pas une fatalité de ces nouvelles technologies, mais une conséquence possible de leur usage ou, si l'on préfère, un résultat de la rencontre de certaines personnalités avec les possibilités qui leur sont offertes. Comme nous l'avons vu plus haut, les parents qui demandent l'installation de caméras reliées à Internet dans les crèches sont dans cette situation : ils utilisent une technologie nouvelle pour lutter contre leur propre angoisse de séparation d'avec leur enfant, mais, en agissant de la sorte, ils ne se rendent pas compte qu'ils cultivent une sorte de voyeurisme qui risque d'entraver durablement le développement psychique de celui-ci.

L'angoisse d'abandon opposée à la sexualité

Alors que dans les années 1970, la rupture affichée avec la famille était la règle chez les adolescents, elle est aujourd'hui plutôt devenue l'exception. Non seulement les jeunes restent plus longtemps dans leur famille, mais ils s'y trouvent bien. Les liens d'attachement entre parents et enfants semblent avoir bénéficié de la croissante liberté d'expression des sentiments. Incontestablement, pouvoir critiquer les parents, et éventuellement leur dire qu'on les hait, permet aussi de mieux leur dire qu'on les aime. L'autorisation de manifester des sentiments négatifs donne aussi une plus grande liberté d'expression aux sentiments positifs. La génération du Loft est indissociablement celle des « Maman, je t'aime [6] » et des « Maman, aime-moi ». Cette attente vis-à-vis des parents engendre du même coup l'inquiétude d'être abandonné par eux. Alors que, traditionnellement, les jeunes détournaient leurs attentes de leurs parents pour les tourner vers leurs pairs, ceux d'aujourd'hui guettent une confirmation des deux côtés. Mais cette inquiétude d'être abandonné par les parents pourrait bien s'imposer aussi comme la force principale capable de s'opposer à une excitation sexuelle grandissante de plus en plus précocement alimentée par les médias.

Chez les adultes, l'environnement médiatique fortement sexualisé – on trouve des corps nus à tous les coins de rue et des articles sur la sexualité dans tous les journaux – contribue à déculpabiliser les pratiques sexuelles et donc à assouplir

6. Tous les participants l'ont dit et répété, notamment le jour de la fête des Mères, mais aussi dans les émissions du jeudi soir qui permettaient de brefs échanges en direct entre parents et enfants.

le refoulement. Mais chez les enfants, pour qui le refoulement n'est pas encore solidement établi, ce même environnement peut entraver la constitution de celui-ci. La publicité contribue notamment à lever les métaphores traditionnelles de la sexualité en donnant à voir des images et des messages de plus en plus explicites. Le refoulement continue évidemment à agir, et de nombreuses représentations corporelles qui ne concernent pas directement la sexualité en sont frappées, comme les angoisses et les désirs associés aux premiers mois de la vie. Plutôt que d'une levée du refoulement sur les représentations sexuelles, il vaudrait donc mieux parler d'une levée de refoulement sur celles qui concernent la génitalité telle que les adultes la pratiquent. Mais, comme ce sont justement celles-ci qui accompagnent le passage de l'enfance à l'âge adulte, le fait qu'elles ne subissent pas de refoulement entre la première poussée de sexualisation, aux alentours de six ans, et la seconde, contemporaine de la puberté, contribue à modifier radicalement l'univers mental des enfants. Preuve en est que ce que l'on appelait traditionnellement la « phase de latence » n'existe pratiquement plus. Cette période, censée aller de cinq ans à la puberté, était réputée correspondre à une mise en veilleuse des préoccupations et des identifications sexuelles au profit des apprentissages scolaires. Aujourd'hui, les enfants apprennent toujours beaucoup de choses à l'école dans cette tranche d'âge, mais ce n'est certainement pas à cause du refoulement de leurs préoccupations sexuelles ! D'ailleurs, un nombre important de fillettes demandent à s'habiller dès cet âge comme de petites femmes. En outre, l'âge moyen de la puberté ne cesse de baisser dans toutes les sociétés occidentales : alors qu'il était en moyenne de quatorze ans et demi en 1850, en France, il est aujourd'hui de douze ans et demi. Mais, contrairement à toute attente, l'âge des premiers rapports sexuels ne semble pas changer et reste fixé en moyenne à dix-sept ans malgré les libertés qui sont offertes aux jeunes. La raison pourrait bien en être ces formes nouvelles d'angoisse d'abandon exacerbées par la désuétude des modèles paternels et une proximité prolongée avec la mère. Devoir inventer sa propre vie dans un monde sans mode d'emploi n'est pas seulement plus coûteux psychiquement, c'est aussi plus dangereux sur le plan social. Cette nouvelle manière de vivre est donc bordée, d'un côté, par des comportements « régressifs » – mais en fait nécessaires – qui permettent temporairement de renouer avec un monde à l'abri des conflits et, de l'autre, par une demande constante de réassurance de la part des proches : « Dis-moi que tu m'aimes pour que je sois certain de ne pas m'être engagé dans une fausse route. » L'enfant unique, désiré et choyé, obéit à ses parents, reste proche d'eux et diffère sa sexualité pour ne pas courir le risque de leur faire de la peine.

C'est ici que le dispositif proposé par *Loft Story* fait le plus problème, en cautionnant et en encourageant cette tendance. Cette émission joue en effet à la fois la carte de l'excitation du téléspectateur, notamment avec les caméras à infrarouge piégeant les ébats nocturnes des lofteurs, tout en cultivant parallèlement, par la place royale qui est faite aux parents et à leurs commentaires, l'angoisse de passer à l'acte chez les participants : « Papa et maman te regardent sans cesse, pense à eux et ne les déçois pas ! » Elle distille à la fois un facteur d'excitation (d'autant que la retransmission de ces tranches de vie dans de futurs programmes sera certainement de moins en moins contrôlée) et un facteur d'inhibition. Bref, elle produit à la fois une forme d'influence et son antidote, censés annuler mutuellement leurs effets... mais sans mesurer à quel point leur équilibre est précaire, et le risque de basculer dans l'excès d'un côté ou de l'autre inquiétant. Les réalisateurs de *Loft Story*, soucieux de ne provoquer ni les foudres du CSA ni celles des pouvoirs publics, sont, il est vrai, restés relativement sages sur cette voie.

Pour préserver leur audience familiale, ils ont notamment rapidement privilégié le discours sur la sexualité à la mise en scène de celle-ci. Mais c'est certainement du côté de cet équilibre fragile entre excitation sexuelle et crainte du regard familial (et notamment maternel) que se trouve le plus grand risque de perversité de ce genre d'émission.

La famille, nouveau creuset de valeurs à venir ?

La proximité que les jeunes ont aujourd'hui avec leur famille, et notamment avec leur mère, n'organise pas seulement de nouvelles formes d'angoisse et une gestion différente de l'excitation sexuelle. Elle dessine aussi pour l'avenir un nouveau paysage social possible. N'oublions pas, en effet, que ce phénomène intervient alors que politiques et pédagogues sont de plus en plus nombreux à déplorer l'abandon des valeurs traditionnelles par les jeunes.

Les valeurs qu'un groupe se donne imposent un cadre de « repères symboliques » aux individus qui le composent. Une erreur est pourtant courante à ce sujet. Ce n'est pas la taille du bâton accompagnant ces repères qui fait leur caractère structurant. C'est la manière dont chacun, à la fois, accepte d'y reconnaître la prestance des figures paternelle et maternelle qu'il a très tôt intériorisées, et admet que ces figures tirent leur pouvoir d'une continuité qui les dépasse. Tout être humain ne peut vivre sans rattacher son existence à des valeurs qu'il estime supérieures à son existence individuelle, mais il ne peut en même temps leur accorder quelque crédit que s'il y retrouve quelque chose de sa propre histoire psychique. La famille traditionnelle a été le creuset fondateur d'images paternelle et maternelle intériorisées qui ont servi de base à l'attachement aux structures sociales conventionnelles. L'enfant qui grandissait en son sein transférait une partie de son idéalisation des premières vers les secondes, ainsi que les attentes correspondantes. La famille dont le père était le chef incontesté – même s'il n'y était pas présent physiquement – a ainsi poussé des générations successives à investir l'Église, l'armée et la nation comme des repères essentiels relayés pour certains par la Révolution, qui ne proposait somme toute qu'une autre Église et une autre armée, à défaut d'une autre patrie. Ces institutions bénéficiaient du transfert des valeurs familiales, souvent d'ailleurs à l'insu des protagonistes eux-mêmes, qui croyaient avoir fait table rase du passé...

Pendant des générations, les jeunes élevés dans des familles patriarcales quittaient donc celles-ci pour s'engager dans des structures sociales organisées selon le même principe. Puis, à partir des années 1960, ils ont pris de la distance par rapport aux premières et, progressivement, par rapport à l'ensemble des institutions qui s'en nourrissaient. Tels des dominos, plusieurs valeurs traditionnelles sont successivement tombées en désuétude, à la grande inquiétude des moralistes. Mais la famille constitue à présent un nouveau lieu d'investissement privilégié par les jeunes. Il est vrai qu'elle a beaucoup changé ! Ce n'est plus l'organisation patriarcale du temps jadis, mais un groupe de plus en plus souvent recomposé ou monoparental, dans lequel une mère proche de ses enfants désirés et son compagnon éventuel participent à une sorte de société des frères. Personne ne peut dire quelles valeurs culturelles et quelles instances sociales les jeunes investiront demain, mais l'intérêt qu'ils portent à leur « vraie » famille – celle dans laquelle ils sont nés et ont grandi – pourrait bien constituer, par un de ces retours dont l'histoire a le secret, un moment fondateur essentiel dans la construction de nouveaux repères.

Conclusion

Au-delà de son caractère commercial et racoleur, *Loft Story* a contribué à rendre visibles – et probablement à renforcer – quatre faits culturels majeurs.

Tout d'abord, la manière dont tout enfant découvre aujourd'hui quantité d'images photographiées ou filmées de sa propre personne tend à modifier les bases de la représentation qu'il se construit de lui-même : l'apparence correspond de plus en plus à une mise en scène et de moins en moins à un « reflet de l'identité ». Les jeunes acquièrent du même coup une plus grande liberté avec les objets, les gestes et les attitudes qui étaient traditionnellement attachés à chaque état de la vie, comme la possession d'un biberon ou d'une peluche par exemple. Ensuite, le fait que cette génération n'ait connu aucun conflit violent, avec les héros traditionnels qui leur sont attachés, la conduit à valoriser des figures héroïques quotidiennes, voire anonymes. En troisième lieu, l'introduction précoce de la mixité et la lutte menée par les femmes depuis un siècle semblent avoir abouti à des formes de relation entre garçons et filles placées sous le signe de la rivalité et plus du tout de la complémentarité. Enfin – et peut-être ce bouleversement résume-t-il tous les autres –, *Loft Story* confirme le passage d'une société dominée par les conflits entre générations à une autre dans laquelle parents et enfants aménagent leurs relations de manière à rester ensemble le plus longtemps possible. Les nouvelles formes d'organisation psychique qui en résultent chez les jeunes sont moins dominées par la crainte de la punition que par l'exaltation de soi et l'angoisse d'être abandonné.

Il en résulte que l'exaltation narcissique alimentée dans la relation proche avec la mère ne se heurte plus de la même manière que pour les générations précédentes à l'autorité des pères. Du même coup ces jeunes échappent plus facilement que leurs aînés à la contrainte psychique de la reproduction sociale [1]. En contrepartie, ils s'engagent beaucoup plus souvent dans la reven-

1. Même si les contraintes réelles liées au milieu d'appartenance subsistent, notamment en termes d'aisance financière et de réseaux de relations.

dication d'un élargissement et d'un enrichissement permanent de leur personnalité. Cela les conduit à la fois à multiplier les expériences et à guetter chez autrui une sorte de miroir qui leur restitue non pas ce qui serait « leur identité », mais plus simplement une facette d'eux-mêmes. Le témoignage, la confidence des expériences personnelles et la mise en scène des divers aspects de soi sont autant de moyens de développer ses potentialités, à condition, bien entendu, de trouver un interlocuteur bienveillant qui valide ces expériences.

Cette autocréation de soi a toujours fait partie des désirs de l'être humain, notamment dans l'enfance et l'adolescence. Mais, jusqu'à ces dernières années, les modèles proposés par les parents paraissaient avoir fait leurs preuves et présenter suffisamment de garanties d'intégration sociale pour être choisis par une majorité de jeunes au moment d'entrer dans l'âge adulte. L'adolescent renonçait alors à ses errements et à ses tâtonnements, mais aussi souvent à ses passions, pour embrasser massivement les valeurs et les repères culturels de ses père et mère. La psychanalyse traditionnelle a malheureusement eu trop tendance à confondre ce mouvement d'identification aux adultes de l'entourage – qui semble apaiser, au moins pour un temps, les conflits –

avec ce qui serait une « maturité ». Mais aussitôt qu'on met l'accent sur le processus d'assimilation et d'accommodation permanent des mouvements psychiques éveillés par les changements du monde, la « maturité » n'est plus rien et la maturation est tout. La vie est alors envisagée comme une succession d'événements que le sujet provoque ou que son environnement lui impose, et qu'il doit chaque fois gérer sans autre mode d'emploi que celui de se familiariser avec eux et de s'en donner des représentations. C'est ce mouvement, enfin reconnu, qui pousse aujourd'hui un nombre de plus en plus important de jeunes à s'engager dans des expériences nouvelles dont ils escomptent la révélation progressive de leurs capacités grâce aux « regards » des autres sur eux. C'est pourquoi ce que certains ont pu prendre, face à *Loft Story,* pour de l'exhibitionnisme se révèle être tout autant une manière de se montrer pour avoir un retour sur soi et, finalement, pour mieux se saisir. Avec *Loft Story*, le modèle de l'introspection solitaire comme moyen d'explorer sa personnalité est jeté aux oubliettes. C'est, d'une certaine façon, ce que disait déjà Freud quand il écrivait que nul ne peut se découvrir sans passer par la médiation d'un autre. La célébrité permet de multiplier ces miroirs... mais il n'est pas sûr en revanche qu'elle permette d'en profiter ! De ce point de vue, la désillusion des lofteurs risque d'être dure... Mais elle le serait encore plus si le désir qui les anime n'était pas reconnu pour ce qu'il est.

La seconde caractéristique importante du fonctionnement psychique de ces jeunes pourrait bien être l'angoisse d'être abandonné. L'accroissement important du nombre de familles monoparentales ayant la mère pour chef de famille [2] a notamment créé une situation dans laquelle l'enfant doit apprendre à gérer la proximité et les angoisses d'abandon dans une relation duelle : il lui est impossible d'imaginer jouer sur des repères différents ou sur la complicité d'un tiers car, souvent, le père est non seulement absent, mais en fuite de ses responsabilités ou déprécié du fait de son comportement passé. En outre, de nouvelles règles de vie entre parents et enfants prévalent, moins marquées par l'imposition de valeurs – nombreux sont d'ailleurs les parents qui ne savent plus trop lesquelles transmettre... – que par la recherche de nouveaux *modus vivendi* réciproques. Beaucoup de parents assistent ainsi aujourd'hui sans gêne aux manifestations de

2. En 1999, 13 % des enfants de moins de quinze ans ont été élevés dans une famille monoparentale, à la tête de laquelle se trouvait dans 88 % des cas une femme (Source Insee).

tendresse entre leur progéniture et son ou sa petite amie, alors que cette situation était inimaginable il y a seulement vingt ans. Bien entendu, certains parents peuvent être tentés d'utiliser ces nouvelles organisations de vie pour s'immiscer dans la sexualité de leurs enfants. Mais il y a toujours eu des parents intrusifs, et les interdits longtemps opposés aux adolescents autour de la sexualité ont généré beaucoup d'attitudes surprotectrices qui étaient en fait autant de moyens, pour certains parents, de contrôler tous les faits et gestes de leur progéniture dans une proximité malsaine. Qu'il faille aujourd'hui rappeler à certains d'entre eux la nécessité de laisser leurs enfants gérer seuls leur vie relationnelle et amoureuse ne signifie pas que la situation actuelle soit plus préoccupante que celle qui prévalait dans le passé, mais seulement que tout mode de vie nouveau produit ses propres excès et comporte des risques de perversion. Si les angoisses d'abandon des jeunes sont aujourd'hui aussi intenses, ce n'est pas parce que leurs parents seraient plus « intrusifs » que par le passé [3], c'est d'abord parce que ces angoisses sont partagées par leurs parents et que les jeunes grandissent en s'identifiant à eux.

---

3. Même si quelques-unes des mères présentes sur le plateau de *Loft Story* étaient manifestement fières de l'être...

D'autre part, l'adolescent ou le jeune adulte d'aujourd'hui, s'il prête moins le flanc à la culpabilité, rencontre en revanche plus l'angoisse d'« aller trop loin », de « dépasser les bornes » et finalement d'être lâché aussi bien par ses parents que par ses pairs, bref, d'être abandonné. Enfin, ces angoisses d'abandon, entretenues par une proximité émotionnelle prolongée avec les parents, constituent le rempart le plus important (et même souvent le seul) contre une excitation sexuelle sans bornes alimentée par les médias, que les enfants, les adolescents ou même certains jeunes adultes peuvent vivre avec une certaine inquiétude.

Le modèle névrotique exclusif de la normativité semble donc bel et bien perdu. Ce « malaise dans la civilisation » ne nous condamne pas pour autant à une confusion généralisée, dans la mesure où des forces psychiques opposées continuent de s'affronter et de trouver un compromis en fonction des exigences sociales. La nouveauté est seulement que ces forces n'opposent plus massivement la sexualité au refoulement, mais tout autant l'excitation sexuelle et l'exaltation narcissique de soi aux angoisses d'abandon. Cela n'est en soi ni une bonne ni une mauvaise chose, à condition toutefois qu'on ne condamne pas ces modes de fonctionnement sous prétexte que ceux qui ont longtemps prévalu seraient les seuls possibles, et surtout qu'on reconnaisse les formes de souffrance nouvelles qui en résultent. Une telle quête est en effet plus éprouvante que celle dans laquelle les modèles familiaux tenaient lieu de boussole, que ce soit pour s'y conformer ou pour en prendre le contre-pied. Elle nécessite des moments de retrouvailles avec les objets de l'enfance – comme les peluches –, permettant de renouer avec l'affection des parents à l'intérieur de soi, et elle organise également un rapport différent à la représentation du héros.

Dans cette nouvelle configuration, « être célèbre » est volontiers perçu comme le moyen privilégié de résoudre en même temps plusieurs désirs et plusieurs angoisses. Tout d'abord, c'est multiplier les expériences, ce qui donne quelques chances d'approcher ses propres limites. C'est aussi multiplier les miroirs sur soi, et se mettre en situation de connaître un élargissement optimal de sa personnalité. En même temps, c'est tenter de résoudre la contradiction apparente entre l'exaltation de soi et l'amour de l'autre. Quand la célébrité acquise rejaillit sur les géniteurs, la quête narcissique ne répond plus seulement à l'amour de soi-même, mais aussi à l'affection portée aux parents, à qui est enfin offert ce dont ils ont toujours rêvé. C'est pour cela qu'il est aussi important – et les participants de *Loft Story* l'ont tous exprimé – que, dans de telles circonstances, les parents se déclarent « fiers ». Cette fierté – qu'elle vienne de celui avec lequel on a toujours vécu et à qui on voue une immense reconnaissance, ou de celui dont on est séparé et dont on continue à attendre un signe – dissipe l'angoisse d'abandon et le risque de persécution [4] qui se profile toujours derrière l'exaltation narcissique de soi.

On voit que, si certains repères traditionnels de la psychanalyse restent valides pour comprendre la nouvelle situation psychique des jeunes, il faut savoir renoncer à d'autres. En fait, nous devons rendre la priorité à la manière dont chacun construit sa propre vie psychique en interrelation avec ses proches, dans un mouvement d'extériorisation et de réappropriation permanent de soi. Du même coup, ce ne sont plus les repères fixes de la théorie freudienne qui importent, comme l'existence de « stades » ou de « complexes », mais plutôt le désir qui pousse tout être humain à

4. Heinz Kohut l'a bien montré dans *Le Soi* (Paris, PUF, 1974), bien qu'il n'ait pas, à mon sens, tenu suffisamment compte de la place des relations avec les autres dans la genèse et la dynamique du narcissisme.

se donner sans cesse des représentations plus précises de soi authentifiées par des tiers.

Dans une telle approche du fonctionnement psychique, le désir de se montrer ou de se confier à un interlocuteur n'obéit pas exclusivement au désir de communiquer. Nous ne communiquons pas pour *transmettre*, mais pour nous donner des représentations toujours plus riches de nous-mêmes et de notre propre vie psychique. C'est pourquoi vivre des expériences nombreuses et variées ne suffit pas. Il faut aussi trouver des interlocuteurs qui nous permettent de nous en donner des représentations.

Il est d'ailleurs probable que le succès persistant de *Loft Story*, tout au long des deux mois qu'a duré le jeu, est lié, en partie au moins, à la manière dont l'émission s'est rapidement orientée vers une alternance d'actions et de commentaires sur elles. Que les épreuves proposées aux participants aient consisté à se déguiser, à monter un spectacle de marionnettes ou à mimer une soirée dans un grand restaurant, les étapes en étaient toujours les mêmes. D'abord ils étaient amenés à parler de leur projet, puis ils le « jouaient », et ensuite chacun était invité à raconter ce qu'il avait voulu faire et ce qu'il pensait de ce qui s'était passé. Cette stratégie était d'autant plus sollicitée que les événements étaient plus imprévisibles [5]. D'un côté, cette attitude évoque bien sûr les fameuses séances de *debriefing* que les psychologues américains ont élaborées pour résoudre les situations de crise à forte charge émotionnelle : il n'est pas impossible que ce modèle, qui s'est massivement généralisé depuis quelques années jusqu'à toucher le monde de l'entreprise, ait sous-tendu le travail des animateurs de l'émission. Mais, d'un autre côté, si on s'en tient à l'effet produit sur les spectateurs de M6, l'impression dominante était celle d'une invitation permanente à parler sans cesse de ce que l'on fait, de ce que l'on éprouve, de ce que l'on désire et de ce que l'on regrette, tous ensemble dans le salon, à deux dans la salle de bains ou encore seul face à la caméra dans le « confessionnal [6] ». Ce que M6 a mis en scène deux mois durant, c'était essentiellement cela. Les téléspectateurs, quant à eux, étaient partagés entre

5. Ce fut notamment le cas dans l'émission du jeudi 28 juin 2001, lorsque les anciens lofteurs entrèrent dans la maison, refusèrent d'en sortir, obligèrent le présentateur à venir les chercher, puis le jetèrent dans la piscine.

6. Cette injonction à se raconter aurait été bien entendu terrible si les candidats avaient eu l'obligation de répondre dans tous les cas, mais tous ont largement fait valoir leur droit à se taire quand ils en avaient envie.

le fantasme de « tout voir » et de « tout comprendre », lié au dispositif de l'émission, et la reconnaissance en miroir de leurs propres désirs, préoccupations et difficultés. La situation en a malmené plus d'un, tant la première de ces deux attentes, dès qu'elle était reconnue comme telle, pouvait créer un malaise qui empêchait la reconnaissance de la seconde.

C'est d'autant plus dommage que cette émission révélait des bouleversements, tant psychiques que sociaux, dont la compréhension est essentielle aujourd'hui, au carrefour des effets des technologies contemporaines et des nouvelles formes de vie familiale.

Table des matières

Impression réalisée sur CAMERON par

BRODARD & TAUPIN

GROUPE CPI

La Flèche

pour le compte des Éditions Ramsay
en août 2001

Imprimé en France
Dépôt légal : août 2001
N° d'impression : 9036
ISBN : 2-84114-482-8